名句中国丛书·贰

品德修养

吴礼权 编著

暨南大学出版社
JINAN UNIVERSITY PRESS

中国·广州

图书在版编目（CIP）数据

品德修养 / 吴礼权编著 . —广州：暨南大学出版社，2014.7
（名句中国丛书）
ISBN 978 - 7 - 5668 - 0643 - 7

I . ①品… II . ①吴… III . ①名句—汇编—中国 IV . ①H136.3

中国版本图书馆 CIP 数据核字（2013）第 141326 号

出版发行：暨南大学出版社

地 址：	中国广州暨南大学	
电 话：	总编室（8620）85221601	
	营销部（8620）85225284　85228291　85228292（邮购）	
传 真：	（8620）85221583（办公室）　85223774（营销部）	
邮 编：	510630	
网 址：	http：//www. jnupress. com　http：//press. jnu. edu. cn	

排 版：广州良弓广告有限公司
印 刷：佛山市浩文彩色印刷有限公司

开 本：890mm×1240mm　1/32
印 张：5
字 数：117 千
版 次：2014 年 7 月第 1 版
印 次：2014 年 7 月第 1 次

定 价：12.80 元

（暨大版图书如有印装质量问题，请与出版社总编室联系调换）

前　言

吟安一个字，捻断数茎须。（唐·卢延让《苦吟》）

二句三年得，一吟双泪流。（唐·贾岛《题诗后》）

名句，特别是那些历久不衰、传诵不绝的经典名句，既是作者千锤百炼的思想成果，更是中华民族悠久文化的精华之浓缩，很是值得我们仔细玩味。因为我们可以从中汲取有益的精神营养，增加人生智慧，得到为人处世的人生启发，获取精神心灵的慰藉，由此开创我们健康、快乐、积极、向上的美好人生。

工欲善其事，必先利其器。（先秦《论语·卫灵公》）

道虽迩，不行不至；事虽小，不为不成。（先秦《荀子·修身》）

生于忧患，而死于安乐也。（先秦《孟子·告子下》）

大行不顾细谨，大礼不辞小让。（汉·司马迁《史记·项羽本纪》）

临渊羡鱼，不如退而结网。（汉·班固《汉书·董仲舒传》）

成大功者不小苛。（汉·刘向《说苑·政理》）

读一读这些充满哲理睿智的先贤名言，对我们今天如何为人处世，相信会启发多多、获益无穷的。

中国自古便有一句老话："人生不如意事常八九。"现实生活并不是诗词歌赋，更不会事事都充满诗情画意。因此，在现实生活中遭遇种种的人生挫折，那是"司空见惯浑闲事"。假如在人生的道路上遇到挫折，我们是否就此一蹶不振、意志消沉下去呢？

天行健，君子以自强不息。（先秦《周易·乾》）

长风破浪会有时，直挂云帆济沧海。（唐·李白《行路难》）

天生我材必有用，千金散尽还复来。（唐·李白《将进酒》）

读一读先贤的这些经典名言，相信我们定能由此振作起来，重新燃起希望之火，顿起奋发进取之志。

有奋发进取的国民，才会有奋发进取的民族。中华民族之所以生生不息，中华文化之所以源远流长，正是因为我们自古以来就不乏仁人志士。

如欲平治天下，当今之世，舍我其谁也？（先秦《孟子·公孙丑下》）

老骥伏枥，志在千里；烈士暮年，壮心不已。（汉·曹操《步出夏门行·龟虽寿》）

心懔懔以怀霜，志眇眇而临云。（晋·陆机《文赋》）

会当凌绝顶，一览众山小。（唐·杜甫《望岳》）

丈夫贵兼济，岂独善一身。（唐·白居易《新制布裘》）

为天地立心，为生民立命，为往圣继绝学，为万世开太平。（宋·张载《近思录拾遗》）

读一读这些气壮山河、豪迈超逸的传世名言，相信我们每一个人都会由此洞悉中华民族之所以伟大、中华文化之所以渊博的内在原因。

一个民族之所以成为一个民族，那是因为有一种民族精神。中华民族之所以成为中华民族，中华民族之所以在历经无数苦难之后仍然屹立不倒，并不断自强崛起，那是因为中华民族自古以来就有无数以国家天下为己任、舍身报国、爱国忘家的优秀儿女。

路漫漫其修远兮，吾将上下而求索。（先秦·屈原《楚辞·离骚》）

匈奴未灭，何以家为也！（汉·司马迁《史记·卫将军骠骑列传》）

捐躯赴国难，视死忽如归。（三国魏·曹植《白马篇》）

鞠躬尽瘁，死而后已。（三国蜀·诸葛亮《后出师表》）

风尘三尺剑，社稷一戎衣。（唐·杜甫《重经昭陵》）

黄沙百战穿金甲，不破楼兰终不还。（唐·王昌龄《从军行七首》）

先天下之忧而忧，后天下之乐而乐。（宋·范仲淹《岳阳楼记》）

位卑未敢忘忧国。（宋·陆游《病起书怀》）

人生自古谁无死，留取丹心照汗青。（宋·文天祥《过零

丁洋》)

风声、雨声、读书声，声声入耳；家事、国事、天下事，事事关心。（明·顾宪成为无锡东林书院所题联语）

苟利国家生死以，岂因祸福避趋之。（清·林则徐《赴戍登程口占示家人》）

天下兴亡，匹夫有责。（清·顾炎武《日知录·正始》）

读一读上面这些掷地有声的报国誓言、爱国心声，我们不难窥见中华民族之所以能够绵历数千年而生生不息、历久弥新的原因所在。

有爱国之心、报国之志，固然难得；而有治国安邦之才、济世爱民之情，则更为难得。中华民族之所以生生不息，并不断从苦难中站起来，那是因为我们历来不乏治国之能臣、安民之才俊。

居安思危，思则有备，有备无患。（先秦《左传·襄公十一年》）

为之于未有，治之于未乱。（先秦《老子》第六十四章）

仓廪实则知礼节，衣食足则知荣辱。（先秦《管子·牧民》）

政之所兴，在顺民心；政之所废，在逆民心。（先秦《管子·牧民》）

国虽大，好战必亡；天下虽安，忘战必危。（先秦《司马法·仁本》）

家有常业，虽饥不饿；国有常法，虽危不亡。（先秦《韩非子·饰邪》）

公正无私，一言而万民齐。（汉·刘安《淮南子·修务训》）

世不患无法，而患无必行之法。（汉·桓宽《盐铁论·申韩》）

民之所好，好之；民之所恶，恶之。（汉·戴圣《礼记·大学》）

求贤如饥渴，受谏而不厌。（晋·陈寿《三国志·吴书·张纮传》）

服民以道德，渐民以教化。（宋·欧阳修《三皇设言民不违论》）

兼听则明，偏信则暗。（宋·司马光《资治通鉴》载唐太宗语）

为政之要，曰公曰清。（宋·林逋《省心录》）

听一听这些先贤治国安邦的心得，分享他们济世安民的成功经验，今天身为人民公仆的干部一定能从中学习、领悟到不少东西；于其执政能力、行政能力的提高，也会助益多多。

治国安邦之才，经世致用之能，并不是先天所生就，而是要通过后天的学习教育。而今，世界已经进入"知识经济"时代，不接受教育、不读书或者说不会读书，都会被时代淘汰。

学而不思则罔，思而不学则殆。（先秦《论语·为政》）

玉不琢不成器，人不学不知道。（汉·戴圣《礼记·学记》）

学，然后知不足；教，然后知困。（汉·戴圣《礼记·

学记》)

少则习之学，长则材诸位。（汉·班固《汉书·董仲舒传》)

业精于勤荒于嬉，行成于思毁于随。（唐·韩愈《进学解》)

纸上得来终觉浅，绝知此事要躬行。（宋·陆游《冬夜读书示子聿》)

循序而渐进，熟读而精思。（宋·朱熹《读书之要》)

对于"为何学习"、"如何学习"，先哲前贤都提出了精辟的见解。读了上述教诲，相信今天的我们定能"心有戚戚焉"，对学习的意义与学习的方法的认识也会更加深刻的。

其实，先贤留下的名言名句，不仅极大地丰富了我们中华文化，对中国人的思想发展、人生观的确立等有着重要的影响，同时也对中国人心灵的陶冶与精神的慰藉为功不小。

余霞散成绮，澄江静如练。（南朝齐·谢朓《晚登三山还望京邑》)

白日地中出，黄河天外来。（唐·张蠙《登单于台》)

大漠沙如雪，燕山月似钩。（唐·李贺《马诗二十三首》)

大漠孤烟直，长河落日圆。（唐·王维《使至塞上》)

千里莺啼绿映红，水村山郭酒旗风。（唐·杜牧《江南春》)

日出江花红胜火，春来江水绿如蓝。（唐·白居易《忆江南》)

江流天地外，山色有无中。（唐·王维《汉江临眺》)

三山半落青天外，一水中分白鹭洲。（唐·李白《登金陵凤凰台》）

楚塞三湘接，荆门九派通。（唐·王维《汉江临眺》）

疏影横斜水清浅，暗香浮动月黄昏。（宋·林逋《山园小梅》）

烟柳画桥，风帘翠幕，参差十万人家。（宋·柳永《望海潮》）

读一读这些描写塞外、江南自然风光的诗句，相信我们都会油然而生对祖国大好河山的无限热爱之情。

白日依山尽，黄河入海流。（唐·王之涣《登鹳雀楼》）

横空过雨千峰出，大野新霜万叶枯。（唐·耿湋《九日》）

远山芳草外，流水落花中。（唐·司空曙《题鲜于秋林园》）

明月松间照，清泉石上流。（唐·王维《山居秋暝》）

柳色黄金嫩，梨花白雪香。（唐·李白《宫中行乐词八首》）

星垂平野阔，月涌大江流。（唐·杜甫《旅夜书怀》）

春色满园关不住，一枝红杏出墙来。（宋·叶绍翁《游园不值》）

风吹梅蕊闹，雨细杏花香。（宋·晏几道《临江仙》）

蕉叶半黄荷叶碧，两家秋雨一家声。（宋·杨万里《芭蕉雨》）

浮天水送无穷树，带雨云埋一半山。（宋·辛弃疾《鹧鸪天》）

一年湖上春如梦，二月江南水似天。（元·迺贤《次段吉甫助教春日怀江南韵》）

水流曲曲树重重，树里春山一两峰。（清·郑燮《潍县竹枝词》）

读一读这些描写山水花木的诗句，相信我们都会顿生"清风明月本无价，近水远山皆有情"的情感共鸣，在观照自然万物中得到心灵的净化。

目送归鸿，手挥五弦。俯仰自得，游心太玄。（三国魏·嵇康《赠兄秀才从军十八首》）

石栏斜点笔，桐叶坐题诗。（唐·杜甫《重游何氏五首》）

松风吹解带，山月照弹琴。（唐·王维《酬张少府》）

独立小桥风满袖，平林新月人归后。（南唐·冯延巳《鹊踏枝》）

欲归还小立，为爱夕阳红。（宋·陆游《东村》）

东篱把酒黄昏后，有暗香盈袖。（宋·李清照《醉花阴》）

题诗石壁上，把酒长松间。（元·倪瓒《对酒》）

闲窗听雨摊书卷，独树看云上啸台。（清·吴伟业《梅村》）

读一读这些诗句，相信我们会尘虑顿消。而对照于古人的生活情趣与潇洒的人生态度，相信今日忙忙碌碌的我们都会惭愧不已，不得不对自己的人生态度进行深刻的反省。

这套名曰"名句中国"的小丛书，虽本意在于通过对一万余条中国古代经典名句意蕴的剖析，为人们的读写实践指点

迷津，并提供"引经据典"的参考方便；但在名句意蕴解构
的过程中，读者也许可以由此及彼而对博大精深的中国传统文
化有个"管中窥豹"的粗略印象。"一滴水能折射出太阳的光
辉。"透过名句，我们虽然不敢说能由此窥见博大精深的中国
文化的深度，但最起码会给大家留下一点"浮光掠影"式的
印象。

吴礼权

2008 年 4 月 8 日记于复旦园

凡 例

一、本丛书共收中国历代经典名句一万余条。入选的各名句，一般都是编者通过现代科技手段与互联网技术，在认真调查了其引用频率的基础上精选出来的。

二、本丛书所收名句依据特定的标准，共分为十二大类。每一大类又细分为若干小类。每一小类所收辞目，根据实际情况和"宁缺毋滥"的原则而多少不等。

三、辞目的编排，每一小类内的辞目编排顺序依据每一个辞目（即每一个名句）的第一个字的汉语拼音顺序依次编排。相同字头的辞目都集中于一起，排于其特定的音序位置上。第一个字与第二个字都相同的辞目，也依上述原则集中于一起，排于其特定的音序位置上。

四、每个辞目的编写体例是：首先列辞目（即名句），其次是"注释"，最后是"译文"和"点评"（句义没有难解之处，则没有译文）。即"辞目—注释—译文/点评"。

五、辞目的长度，一般是一句或两句。少数辞目考虑其意义的整体性，可能是三句、四句或更多。

六、注释的文字，包括名句的出处、生僻字词注音、难解字词的词义解释、古代汉语特殊句法结构的语法说明等四个部分。名句出处的标注，包括时代、作者、书名或篇名。成书时代难以确定的，则付之阙如。秦代以前的作品，统一以"先秦"概括，不细分为夏、商、周、春秋、战国等。这是考虑到有些作品的成书只能确定其大致时间，而难以具体指明何年何代，如《诗经》、《周易》、《尚书》等。作者不能确定的，也付之阙如。如《论语》、《孟子》等，并非孔子、孟子自己所编定，而是由他们的弟子或后人编定的，就不便注明作者。还有些作品是大家非常熟悉的，书名本身就表明了作者，则也不注明作者，如《老子》、《庄子》等。如果所引名句是著作中的，则注明书名和篇名或章节名。生僻字的注音，以汉语拼音方案的拼写规则标注声、韵、调。

七、译文/点评的文字，根据不同情况有不同的表现形式。主要有：①句意难于理解的，先列出白话译文，或是进行句意串讲，然后再对其内容进行阐发。②句意易于理解的，则略去译文或句意串讲，直接进行内容的阐发、点评。③有些名句运用到特定修辞方式的，则明确予以指出，并说明其表达效果。④有些写景的名句，不便用编者自己的观点框定读者，就以概括句意的形式简洁点拨，以便读者作"仁者见仁，智者见智"的解读发挥。⑤有些名句的语意后世在使用中发生语义变化的，则予以说明。⑥有些名句可以引申运用的，则予以说明。

八、《文学艺术》卷注有本丛书的条目索引，索引按照汉语拼音的音序排列，读者可以方便迅速地查阅到相关条目。

目 录

礼义仁廉

币厚言甘，古人所畏也。

【注释】出自宋·司马光《资治通鉴·晋纪》。币厚，指丰厚的金钱财物。言甘，说得好听的话、讨好献媚的话。畏，怕。"……也"，古代汉语判断句形式之一，相当于"……是……"。

【译文/点评】丰厚的钱财与甜言蜜语，是古人很怕的东西。此言金钱与阿谀奉承之语是清廉为官的大敌，意在警醒为官者防止此二者对自己道德防线的侵蚀。

不求不争于民，而民知逊；不求不贪于民，而民知廉。

【注释】出自宋·杨万里《见执政书》。求，索要。民，老百姓。逊，谦让、恭顺。廉，廉洁。

【译文/点评】统治者不与老百姓争抢利益，那么老百姓就会懂得谦让；统治者不向老百姓贪婪地索要，那么老百姓就会知道廉洁。此言谦让、廉洁的民风是要统治者自己以身作则、表率于先才能形成。

不仁者不可以久处约，不可以长处乐。

【注释】出自先秦《论语·里仁》。仁，指有仁慈之心、仁爱。约，指节俭。

【译文/点评】没有仁慈之心的人，不能久安于俭约生活，也不可能长久地保持安贫乐道的心态而知足常乐。此言节俭与知足常乐也是"仁"的内容之一。

不学礼，无以立。

【注释】出自先秦《论语·季氏》。立，立身。

【译文/点评】不学习礼，就无法处世立身。此言学礼对于做人的重要性。礼的作用在于确定行为规范，因此学习礼，也就是学习为人处世的行为规范。

不以利禄为意，而以仁厚为心。

【注释】出自宋·苏轼《谢监司荐举启》。

【译文/点评】此言正人君子的做人标准：胸中常怀仁厚之念，从政不为升官发财。

不义不暱，厚将崩。

【注释】出自先秦《左传·隐公元年》记郑庄公语。暱(nì)，亲近、亲昵。厚，指势力强大。

【译文/点评】行事不义，民众便不会亲近他，势力雄厚而没有凝聚力，必然会崩溃。此言意在强调道义在手才有凝聚力，才能最终胜利。

不义而强，其毙必速。

【注释】出自先秦《左传·昭公元年》。其，他的。毙，因病或伤而倒下，此指灭亡、垮台。必，一定。速，快。

【译文/点评】以不义之举而强大，他的灭亡垮台一定会很快到来。此言是从反面强调行仁义才能保证长治久安的道理。

不由礼之事，非不可行也，行之不能久。

【注释】出自唐·杨炯《公狱辩》。不由礼，不符合礼的规定。也，句中语气助词，帮助停顿。

【译文/点评】不符合礼的事不是不能推行，而是推行了也不能持久。此言只有符合礼的规定，事情才能做得名正言顺，且能持久进行下去。

不在顺逆，以义为断；不在憎爱，以道为贵。

【注释】出自南朝宋·范晔《后汉书·刘梁传》。在，在于。断，判断。道，道义。

【译文/点评】不在乎其言行是顺从还是违逆，只要符合义的标准就行；不在乎其情感上是恨是爱，只要其所作所为符合道就行。此言道义是衡量一个人的言行是否恰当的唯一标准。

草木无大小，必待春而后生；人待义而后成。

【注释】出自先秦《尸子》卷下。无，无论。必，一定、必定。

【译文/点评】草木无论大小，一定要等到春天才会萌生；人无论地位高低，都要靠学习"义"、依据"义"才能成人。此以草木为喻，说明人的成长与"义"的教化关系。

恻隐之心，仁之端也；羞恶之心，义之端也；辞让之心，礼之端也；是非之心，智之端也。

【注释】出自先秦《孟子·公孙丑上》。恻隐，同情、怜悯。端，开始。"……也"，古代汉语判断句形式之一，相当于"……是……"。

【译文/点评】同情心是仁爱的开始，羞耻心是义的开始，谦让心是礼的开始，是非心是智的开始。此言一个人要实践"仁义礼智"，就应该从富有同情心、羞耻心、谦让心、是非心等最基本的人性与良知开始修炼。

恻隐足以为仁，而仁不止于恻隐；羞恶足以为义，而义不止于羞恶。

【注释】出自宋·苏轼《子思论》。恻隐，同情、怜悯。不止于，不局限于。羞恶，指羞耻之心。

【译文/点评】有同情之心足可以修炼到"仁"的境界，但仁不局限于有同情之心；有羞耻之心足可以修炼到"义"的境界，但义不局限于有羞耻之心。此言有同情心与羞耻心只是达到仁与义的必要条件，而不是充分条件。意在鼓励人们进一步加强道德修养。

乘理虽死而不亡，违义虽生而非存。

【注释】出自汉·赵壹《刺世疾邪赋》。乘，追逐。虽，即使。非，不。

【译文/点评】追求真理，即使死了也精神不灭；违背道义，即使活着也像死了一样。此言意在勉励人们为了真理、道义而奋斗。

从道不从君，从义不从父。

【注释】出自先秦《荀子·子道》。从，服从、顺从。道，指真理、道义。

【译文/点评】服从真理而不服从君主，服从道义而不服从父命。此言在真理、道义与君令、父命相矛盾时要服从前者，意在强调唯"道"、"义"是从的理念。此言与西方哲人亚里士多德所说的"吾爱吾师，吾更爱真理"之义颇有异曲同工之妙。

大仁者修治天下，大恶者扰乱天下。

【注释】出自清·曹雪芹《红楼梦》第二回。者，（的）人。修治，平定、安定。

【译文/点评】有大仁德的人安定天下，有大恶的人扰乱天下。这是小说中的贾雨村之言，倒也算得上是至理名言。因为能使天下安定，就能使生灵免于涂炭，就能促进生产发展、社会进步，这是造福于天下；而扰乱天下，势必使人民遭殃，生产破坏、社会退步，罪恶之事没有比这更大的了。

当仁不让于师。

【注释】出自先秦《论语·卫灵公》。当，面对。仁，指仁德之事。让，谦让。师，老师。

【译文/点评】面对仁德之事，即使是老师，也不必谦让。这是孔子鼓励学生要勇于为仁行仁的话。成语"当仁不让"即源于此。其意是说，面对应做之事要勇于承担而不推诿。这是一种好的品德，任何时代任何人都应当如此。

地利不如人和，武力不如文德。

【注释】出自汉·桓宽《盐铁论·险固》。

【译文/点评】此以"地利"与"人和"、"武力"与"文德"的对比，阐明了实行仁政对于治国安邦的重要性。

多行不礼，必自及也。

【注释】出自先秦《左传·襄公四年》。必，一定。及，危及。也，句末语气助词。

【译文/点评】多做不合礼的事，最终一定会危及自己，自食恶果的。此言意在劝人应遵守"礼"的规范。

多行不义必自毙。

【注释】出自先秦《左传·隐公元年》记郑庄公语。必，一定。毙，因病或伤而倒下，引申为死。

【译文/点评】不义的事做多了一定会自食恶果而灭亡。此言意在劝人多行仁义，不要违背道义。

恶绝于心，仁形于色。

【注释】出自唐·韩愈《郓州溪堂诗》。恶，作恶的念头。形，表现、流露。

【译文/点评】只有从心底根除作恶的念头，仁爱才能自然地流露于外。此言"仁"是一种内在的修养，只有克制了"恶"，才能有"仁"的萌生。

凡人之所以贵于禽兽者，以有礼也。

【注释】出自先秦《晏子春秋·内篇·谏上二》。凡，大凡、凡是。之所以，"……的原因"。"……者……也"，古代汉语判断句形式之一，相当于"……是……"。以，因为。

【译文/点评】大凡人类比禽兽高贵的原因，就在于人类有一套礼仪制度。此言礼是区别人与禽兽的标志，其意是强调为人遵守礼仪制度的重要性。

非礼勿视，非礼勿听，非礼勿言，非礼勿动。

【注释】出自先秦《论语·颜渊》。非礼，不符合礼。勿，不要。动，行动、做。

【译文/点评】不符合礼的不要看，不符合礼的不要听，不符合礼的不要说，不符合礼的不要做。这是孔子关于君子行为规范的名言，强调一切以"礼"为依归、为准绳。这话的提出是为了恢复他心中的周公礼法的目标，现在当然不适用。不过，如果我们将"礼"看成一种抽象的社会行动规范，那么，这话还是有积极意义的。因为一个社会只有人人按照既定的行为规范行动，这个社会才能和谐有序。

非其义也，非其道也，一介不以与人，一介不以取诸人。

【注释】出自先秦《孟子·万章上》。非，不。也，句中语气词。介，同"芥"，小草，引申比喻为微不足道。与，给予。诸，之于。

【译文/点评】不符合道义的，一点也不给予别人，一点也不取之于他人。此言财物的取与舍都要以是否符合道义为依据。

夫礼，禁乱之所由生也，犹防水之所自来也。

【注释】出自汉·戴圣《礼记·经解》。夫，句首发语词，无义。"……也"，古代汉语判断句形式之一，相当于"……是……"。犹，像。防，堤防。

【译文/点评】礼是用以禁止混乱产生的，就好比堤坝用以阻止水的冲击一样。此以筑堤防水作比，说明制礼在规范人们行为、防患于未然方面的作用。

夫仁者，己欲立而立人，己欲达而达人。

【注释】出自先秦《论语·雍也》。夫，发语词，无义。仁者，仁德的人。欲，想。立，立身、成事立业。后一个"立"是"使……立"的意思。达，通达、顺达、发达。后一个"达"是"使……达"之意。

【译文/点评】仁德之人，自己想成事立身，也让别人成事立身；自己想人生顺达，也让别人事业顺达。这是孔子对"仁者"所提出的道德标准。用今天的话来说，就是要有推己及人、站在别人立场上替别人着想的雅量与胸怀。这是一种非常高的道德修养，今天我们虽然不一定要做"仁者"，但这种胸襟与雅量，这种为人处世的基本原则，还是应该坚持的。不然，不仅不能立身处世，就是做人也有问题。

富贵之多罪，不如贫贱之履道。

【注释】出自晋·葛洪《抱朴子·广譬》。之，放在主谓语之间，取消句子的独立性。履，履行、实行。

【译文/点评】富贵而多罪，不如贫贱而践行道义。此言意在强调人应当安贫乐道。

刚、毅、木、讷，近仁。

【注释】出自先秦《论语·子路》。刚，刚强。毅，果断。木，质朴。讷（nè），语言迟钝，不善于讲话，此指语言谨慎。近，接近。

【译文/点评】刚强不屈、果决坚毅、质朴诚实、言语谨慎，做到这四条就差不多接近"仁"了。意谓不多说而坚定刚毅地按照既定的目标去努力做，这才是"仁"的表现。强调的是多做少说的做人原则。

公生明，廉生威。

【注释】出自明·贞庵主人《官箴碑》。

【译文/点评】公正就会明察，清廉就会有威信。此言做官坚守了"公"、"廉"两条基本原则，没有被人拿住的把柄，没有愧疚在内心，自然眼明心亮、明察秋毫，自然堂堂正正、不怒自威。

恭而无礼则劳，慎而无礼则葸，勇而无礼则乱，直而无礼则绞。

【注释】出自先秦《论语·泰伯》。恭，恭敬。则，就。劳，疲劳。慎，谨慎。葸（xǐ），畏缩、胆怯。勇，刚勇。直，率直、直率。绞，指说话尖刻、刻薄。

【译文/点评】不知礼仪，而只知一味态度恭敬，就会很累；不知礼仪，只知处处谨慎，就会让人做事说话缩手缩脚；不知礼仪，而只知逞勇好强，看似敢作敢为，实则会把事情搞砸；不知礼仪，只知心直口快，心里怎么想，嘴里怎么说，势必会说话刻薄而伤害他人。这是孔子论述"礼"对人的行为的规范作用。认为掌握了"礼",就能在规定的范围内游刃有余,行为不会越出规范。否则,便会手忙脚乱,弄得筋疲力尽,还得不到好的结果。这层意思,用一句古语概括,叫做"工欲善其事,必先利其器"。

贵贤,仁也;贱不肖,亦仁也。

【注释】出自先秦《荀子·非十二子》。贵,尊重。贤,指贤者。"……也",古代汉语判断句形式之一,相当于"……是……"。贱,鄙视、不重视、看不起。不肖,指道德不好的人。亦,也。

【译文/点评】尊重贤能的人,是"仁"的表现,鄙视道德不好的人,也是"仁"的表现。此言"仁"正反两个方面的标准。

贵义而不贵惠,信道而不信邪。

【注释】出自先秦《春秋穀梁传·隐公元年》。贵,"以……为贵"、推崇。惠,指小恩小惠。道,指真理、道义。邪,邪道。

【译文/点评】推崇道义而不只看重小恩小惠,相信真理而拒绝邪道。此言意在强调治国安邦应重视"义"、"道",从大处着眼。

好学近乎知,力行近乎仁,知耻近乎勇。

【注释】出自汉·戴圣《礼记·中庸》。近乎,接近于。知(第一个),通"智"。

【译文/点评】喜爱学习就接近于智慧了,努力实践就接近于仁了，知道羞耻就接近于勇了。此言意在强调君子修身要从"好学"、"力行"、"知耻"做起。

厚者不毁人以自益也，仁者不危人以要名。

【注释】出自汉·刘向编《战国策·燕策三》引谚语。厚者，厚道的人。毁，诋毁。以，来。自益，有益于自己。也，句中语气助词，帮助停顿。要（yāo），求取。

【译文/点评】厚道的人不诋毁别人而有益于自己，仁爱的人不危害他人而求取虚名。此言意在强调做人当以仁厚为原则，不可损人利己。

兼相爱，交相利。

【注释】出自先秦《墨子·兼爱下》。兼，并。交，互。

【译文/点评】此言人类应当相爱、互利。这是墨子"兼爱"的政治主张。

见礼而知俗，闻乐而知政。

【注释】出自宋·苏轼《试馆职策题三首》。

【译文/点评】看到一国的礼仪制度就知道其社会习俗，听到一国的音乐曲调就知道其国政的治乱了。此言礼乐是一个国家社会习俗及治乱的标志和"晴雨表"。

见利思义，见危授命，久要不忘平生之言，亦可以为成人矣。

【注释】出自先秦《论语·宪问》。授命，献出生命。要，相约，订约。亦，也。成人，即全人，完美无缺的人。

矣，了。

【译文/点评】在钱财面前不忘道义，到了危急关头肯献出自己的生命，对于很久以前的诺言仍然不忘践行，这样的人也可以说算是完美无缺的人了。这是孔子谈如何完善人格的见解。其所倡导的"见利思义"、"临危授命"、"信守诺言"的精神境界，对后世产生了深远的影响，今日我们仍然需要强调。

见义不为，无勇也。

【注释】出自先秦《论语·为政》。义，指合乎正义的事。为，做。勇，勇气。也，语气助词。

【译文/点评】遇到必须做正义之事的情境而不去行动，这是没有勇气的表现。这是孔子以批评的口气在倡导人们要有为正义而献身的精神。这种精神，在中国古代武侠小说中，即表现为侠士的"路见不平，拔刀相助"举动。后世我们所说"见义勇为"的成语，亦源于此。

见义勇为，不计祸福。

【注释】出自宋·苏轼《陈公弼传》。计，考虑。

【译文/点评】为了道义与正义而勇于行动，而不考虑自己的祸福。这是作者赞颂陈公弼人格品德之辞，也是对君子人格节操的要求。

进不失廉，退不失行。

【注释】出自先秦《晏子春秋·内篇·问上》。进，指做官、升官。廉，廉洁。退，指不做官。行，指做人应有的品德。

【译文/点评】做官不忘廉洁自律，为民不忘道德修养。此言做官与做人应有的原则。

酒以成礼，过则败德。

【注释】出自晋·陈寿《三国志·吴书·陆凯传》。以，用以。礼，礼仪。过，过度。败德，有损道德。

【译文/点评】喝酒是用以表示一种礼仪的，喝得过度了就会有损道德。此言饮酒需要节制，防止酒多乱性而作出有损礼仪的事。

居官有二语，曰：惟公则生明，惟廉则生威。

【注释】出自明·洪应明《菜根谭》。居官，做官。曰，叫做。惟，句首语气词。则，就。

【译文/点评】做官有两句话，叫做：公正就能明察，清廉就能有威信。此言做官心存公正之念，便能明察秋毫，不为其他所蔽塞而影响处事的公正；做官清廉，没有贪欲之心，便不会授人以把柄，自然有威信而不怒自威。

居官者公则自廉。

【注释】出自明·钱琦《钱子语测·法语》。居官者，做官的人。公，奉公。则，就。

【译文/点评】做官的人奉公就会自我要求廉洁。此言奉公守法与清正廉洁的紧密关系。

居上者不以至公理物，为下者必以私路期荣。

【注释】出自唐·房玄龄等《晋书·袁宏传》。居上者，做领导的人。至，最、极。理物，处理事情。为下者，下属的官员。必，一定。私路，私人关系。期，追求。荣，指荣华、利益。

【译文/点评】上级领导不以最公正的态度来处理事情，那么他的下级一定会徇私情而追逐自己的个人利益。此言领导要以身作则、率先垂范，才能使官场形成清正廉洁的风尚。

居心正而四维张，朝廷清而九牧肃。

【注释】出自赵尔巽主编《清史稿·朱珪传》。居心，怀着某种念头。四维，指礼、义、廉、耻。张，张开。朝廷，指朝廷官员。清，清廉。九牧，即九州，指代全国。肃，严肃、肃静。

【译文/点评】思想端正，"礼"、"义"、"廉"、"耻"之心便存；朝廷官员清廉，那么全国也就肃然安宁了。此言做官端正思想、清廉执政对于治国安邦的意义。

君命召，不俟驾而行矣。

【注释】出自先秦《论语·乡党》。君，君主。召，召见。俟（sì），等待。矣，了。

【译文/点评】君主召见，不等驾好马车，就步行而去了。这是《论语》记孔子对君主敬重的态度。后世引此语，多是表示对某人的尊重，意即：只要您说一句，我招之即来。

君使臣以礼，臣事君以忠。

【注释】出自先秦《论语·八佾》。使，使用、驱使。事，侍奉。

【译文/点评】国君对臣下以礼相待，驱使其为自己出力，那么臣下一定忠心相报，为国君办事尽心尽力。这是孔子回答鲁定公有关君臣之礼时所发表的见解，强调的是君臣之间以礼相待的重要性。如果推而广之，可以适用所有人之间的关系。不管是上下级关系，还是平等关系，都是要以礼相待，才能赢得对方的尊重，才能让对方心悦诚服、全心全意地为之奉献服务。时代虽不同，但做人的道理永远是一样的，这就是孔子此语的现代价值。

君子无所争。必也射乎！揖让而升，下而饮，其争也君子。

【注释】出自先秦《论语·八佾》。君子，指有道德者。必，一定。也，语气助词。射，指古代的射礼。大射之礼规定：参加大射比赛的人两人一组，相互作揖后登堂，射完后再相互作揖而退。各组全部射完后，大家再相互作揖，登堂饮酒。乎，语气词，相当"吧"。揖让，作揖谦让。升，登堂。

【译文/点评】君子是不与人相争的。如果一定要争，那也就是参加大射礼的射箭比赛吧。比赛时，先彼此作揖谦让，然后登堂入场，比赛结束后再彼此作揖谦让一番，然后退下，最后大家一起登堂饮酒，完成全部的大射礼仪。这种争可谓是君子之争。这是孔子关于君子之争的主张。用今天的话来说，竞争要有序，要讲游戏规则，像体育比赛一样，既要赛出技术水平，更要赛出道德风范。我们今天说竞争要有君子风度，就是这个意思。由此可见，我们古人早就有了这种意识，且有一套行之有效的规范了。说中国是礼仪之邦，那是有历史依据的。

君子学道则爱人，小人学道则易使也。

【注释】出自先秦《论语·阳货》。君子，指道德高尚或地位崇高的人。小人，指道德低下或地位低下的人。道，此指礼乐的道理。则，就。使，驱使。也，句末语气助词。

【译文/点评】君子学习了礼乐的道理就会施爱于他人，小人学了礼乐的道理就易于被驱使。此言制定礼乐的意义就在于使人们的行为都有一定的规范，从而易于维护既有的统治秩序。

君子义以为质，礼以行之，孙以出之，信以成之。

【注释】出自先秦《论语·卫灵公》。质，指根本。行，推行。之，指"义"。孙，通"逊"，即谦虚。出，表现。成，完成。

【译文/点评】君子以"义"为根本，以"礼"去推行"义"，以谦虚的态度来表现"义"，以忠诚之心来完成"义"。这是孔子对君子所提出的四条行为准则。这个准则虽然今天不一定适用，但若作泛化的理解，讲礼仪、讲诚信、坚持道义、谦虚谨慎，仍是我们做人应该坚持的原则。

君子喻于义，小人喻于利。

【注释】出自先秦《论语·里仁》。君子，道德高尚者。小人，道德低下者。喻，明白、懂得。于，对于。义，道义、真理。利，利益、私利。

【译文/点评】君子着眼的是道义，小人关注的是私利。这是孔子比较君子与小人不同的精神境界时所发的一番议论。其提倡"义"的意思不言而喻。中国传统价值观中有"重义轻利"一说，即源于孔子之说，其对中国人特别是士大夫阶层人格的陶冶作用是不容低估的，有相当积极的意义。

君子之怀，蹈仁义而弘大德；小人之性，好谗以为身谋。

【注释】出自唐·吴兢《贞观政要·赦令》。之，的。怀，怀抱、志向。蹈，践行。弘，弘扬。性，习性。好谗，喜欢进谗言。身，自己。谋，打算。

【译文/点评】君子的志向是践行仁义而弘扬高尚的道德；小人的习性是喜欢进谗言而为自己的利益打算。此言君子与小人不同的思想境界。

君子之于禽兽也，见其生不忍见其死，闻其声不忍食其肉，是以君子远庖厨也。

【注释】出自先秦《孟子·梁惠王上》。之，放在主谓语之间，取消句子的独立性。也（第一个），句中语气助词，帮助停顿。是以，所以。远，远离。庖厨，指厨房。也（第二个），句末语气助词。

【译文/点评】君子对于禽兽，见它活着，就不忍心看到它死，听到它的声音，就不忍心吃它的肉，所以君子远离厨房之地。此言君子的仁爱之心及于禽兽。君子远离厨房，并不意味着君子不吃禽兽之肉。这看起来有些假正经，但是对于禽兽心存一份不忍之情总还算仁慈。

克己复礼为仁。

【注释】出自先秦《论语·颜渊》。克，克制。复，恢复。

【译文/点评】克制自己，使自己的行为回归到礼的方面去，这就叫"仁"。这是孔子论述"礼"与"仁"的关系。认为"仁"是内在的东西，"礼"是外在的形式，通过外在形式的规范，从而实现内在东西的追求目标。这话在今天未必适用，但其关于内容与形式的关系论述，还是具有哲学意义的。

老不拘礼，病不拘礼。

【注释】出自清·吴敬梓《儒林外史》第十二回。拘，拘束、拘泥。

【译文/点评】此言礼仪也有变通性，在人老或人病而不方便时，有些礼仪也可免了。

老而谢事，古之礼也。

【注释】出自宋·苏辙《文彦博乞致仕不许不允批答二首》。谢事，辞去职事。"……也"，古代汉语判断句形式之一，相当于"……是……"。

【译文/点评】老了就辞去职位，这是古代的礼法。此言老而退休乃是天经地义的事。今日贪栈恋位之人，当以此为鉴。

礼不妄说人，不辞费。

【注释】出自汉·戴圣《礼记·曲礼上》。妄，胡乱。辞费，话多而无用。

【译文/点评】根据礼的要求，不应该胡乱议论他人，也不说无用的闲话。此言言辞谨慎，该说则说、不该说则不置一词，便是合"礼"的表现。我们现实生活中常见的市井三姑六婆好说东家长西家短的行为，则就不合"礼"了。

礼不下庶人，刑不上大夫。

【注释】出自汉·戴圣《礼记·曲礼上》。庶人，普通老百姓。大夫，此指做官者、统治者。

【译文/点评】礼不适用于普通老百姓，刑罚不适用于统治者。意谓礼只对上而不对下，刑只对下而不对上。因为礼的制定原本就不是为了普通老百姓，刑罚的制定原本就不是针对统治者。这是统治者对民众采取歧视态度的表现，充分反映出封建社会的礼法制度是极不合理的。

礼从宜，使从俗。

【注释】出自汉·戴圣《礼记·曲礼上》。从，服从、遵循。宜，恰当、合宜。使，出使。

【译文/点评】行礼要遵循适宜的原则，出使要尊重对方的习俗。此言行礼与出使所要遵守的原则。

礼，当论其是非，不当以人废。

【注释】出自宋·苏轼《上圆丘合祭六议札子》。

【译文/点评】一种礼仪制度，应当看它的制定有没有道理，而不应当因制定的人而废除。此言对某种礼仪制度的评价要客观，不能因制定的人不好而废除。也就是说，事归事，人归人，两者要分开，不能因人而废言。

礼，防民之欲也周；乐，成民之俗也厚。

【注释】出自宋·欧阳修《武成王庙问进士策二首》。欲，欲望。也，句中语气助词，无义。之，的。周，周到。

【译文/点评】礼对防止民众不当欲望的产生设想非常周到，乐对形成良好的民俗民风帮助很大。此言制礼作乐对治国安邦的意义。

礼贵从宜，事难泥古。

【注释】出自宋·王安石《乞皇帝御正殿复常膳表》。从宜，遵循适宜的原则。泥古，拘泥于旧套。

【译文/点评】礼贵于遵循与时代相适宜的原则，事情难以按照老的一套执行。此言礼仪制度也要随着时代形势的变化有所改变。

礼尚往来。往而不来，非礼也；来而不往，亦非礼也。

【注释】出自汉·戴圣《礼记·曲礼上》。尚，崇尚、重视。"……也"，古代汉语判断句形式之一，相当于"……是……"。往，去。亦，也。

【译文/点评】礼崇尚有来有往。有去而不来，这是不符合礼的原则的；有来而无去，这也不符合礼的原则。此言"礼"是促进人际关系互动的行为规范。用我们今天的话来说，彼此来往、多走动走动，"礼"便在其中了。千百年来，中国人喜欢拉关系、走后门之类，不能说与两千年前即已确定的此理念无关。

礼失而求诸野。

【注释】出自汉·班固《汉书·艺文志》。失，失传。诸，之于。野，此指民间、下层社会。

【译文/点评】原本风行于上层社会的礼乐制度失传了，现在反而要到下层社会去寻找。此言草野民间往往是礼乐制度保存得最为持久的地方。这话今天为人所征引，往往表示原本是某一事物的发明者或某一制度产生的源头反而要向学习传承它的学习者借鉴学习了。如中国古代的一些礼仪、典章制度今天在中国荡然无存，反而在近邻日本有所保留，便是这种情况。

礼所以定其位，权所以固其政。

【注释】出自宋·王安石《洪范传》。所以，用以。

【译文/点评】礼是用以确定人在社会中的等级位置的，权是用以巩固国家政权的。此言礼与权在治国安邦中的作用。

礼所以决嫌疑、定犹豫、别同异、明是非者也。

【注释】出自唐·吴兢《贞观政要·礼乐》。所以，用来。"……者也"，古代汉语判断句形式之一，相当于"……是……"。

【译文/点评】礼是用来决断嫌疑、犹豫之事，辨明同异、是非之情的。此言礼在执政从政过程中所发挥的工具作用。中国古代的很多事情是不讲什么是非、对错，而是看是否符合礼，一切以礼作为衡量的标尺。

礼无不敬，法无不肃。

【注释】出自明·罗贯中《三国演义》第八十二回。

【译文/点评】此言礼的作用便是使人有敬重之心，法的作用在于使人知其严肃而不敢触犯。

礼以顺人心为本。

【注释】出自先秦《荀子·大略》。本，根本。

【译文/点评】礼以顺应人心为根本。此言制定礼仪制度的目的在于顺应人类希望社会井然有序、和谐稳定的心愿。

礼义生于富足，盗窃生于贫穷。

【注释】出自南朝宋·范晔《后汉书·王符传》。

【译文/点评】此言精神文明是建立于物质文明之上的。这与管子"仓廪实则知礼节，衣食足则知荣辱"（《管子·牧民》）的观点相同，都是强调礼乐制度建设须建立在民众温饱实现的基础之上。

礼有必隆，不得而杀；政有必举，不得而废。

【注释】出自宋·曾巩《广德军重修鼓角楼记》。必，一定。隆，指认真。不得，不能。杀，降低、减少。举，此指执行。

【译文/点评】有礼仪制度就一定要认真执行，不能马虎减省；有政令就一定要认真执行，不能半途而废。此言礼仪制度与法律制度的关键在于认真执行。

礼有经，亦有权。

【注释】出自清·吴敬梓《儒林外史》第四回。经，常规、原则。亦，也。权，权变、变通。

【译文/点评】礼有一定的原则，但也有变通之处。此言礼的运用有其一定的灵活性，不必完全拘泥而不知变通。

礼，与其奢也，宁俭；丧，与其易也，宁戚。

【注释】出自先秦《论语·八佾》。礼，礼节仪式。"与其……宁"，相当于"与其……宁肯（不如）"。奢，奢侈、浪费。俭，俭朴。丧，指治丧。易，治、整治。这里指周到、隆重。戚，忧愁、悲伤。

【译文/点评】礼节仪式与其办得奢侈豪华，不如办得俭朴些好；治丧之事与其讲究仪式的隆重周到，还不如内心对死者怀有真诚的悼念。这是孔子在回答鲁国人林放有关"礼之本"的问题时所作的表述，其主要意思是主张礼仪以简朴、严肃为好，不必过分铺张浪费，礼仪只是作为一种对活人或死人表敬的一种仪式而已。这种观点，应该说在今天仍然没有过时。

礼乐，治民之具也。

【注释】出自宋·欧阳修《武成王庙问进士策二首》。之，的。具，工具。"……也"，古代汉语判断句形式之一，相当于"……是……"。

【译文/点评】礼乐制度是管理老百姓的工具。此言可谓一语道出了封建统治者制定礼乐制度的真实用意。

礼者，其本在于养人之性，而其用在于言动视听之间。

【注释】出自宋·曾巩《礼阁新仪目录序》。者，代词。其，它的。本，根本。言动视听，代指一举一动。

【译文/点评】礼的根本在于修养人的性情，而它的运用则表现于一举一动之间。此言礼对培养人的性情的作用，强调对礼的把握在于落实到日常生活的一举一动之间。

礼之大本，以防乱也。

【注释】出自唐·柳宗元《驳复仇议》。"……也"，古代汉语判断句形式之一，相当于"……是……"。大本，根本。

【译文/点评】礼的根本作用是防止混乱的产生。此言礼在规范人们行为、维护社会秩序方面的作用。

礼之用，和为贵。

【注释】出自先秦《论语·学而》。之，的。用，功用。

【译文/点评】礼的功用，以达到"和"为最高境界。这是孔子的弟子有子的观点，阐明的是制礼作法对于治理天下的意义。认为先王制定一套"礼"的制度，其意是在调和社会矛盾，以达到万民和谐的目标。这一观点，对中国人、中国历史发展进程皆影响甚深。客观上说，强调"和为贵"，对调和社会矛盾，促进社会稳定有积极意义；但若不讲原则，一味"和为贵"，消极作用也就不言而喻了，治国与做人，中国历史上这方面的教训都太多了。因此，我们今日谈"和为贵"，也是要有所扬弃的。

礼之正国，犹绳墨之于曲直；其以止患，犹堤防之于江河。

【注释】出自宋·苏轼《常安民太常博士》。之，放在主谓语之间，取消句子的独立性。犹，像。正国，治国。绳墨，木匠用以裁弯取直的墨绳与墨斗。其，它，指礼。

【译文/点评】礼用以治国，就像木匠的绳墨用于裁弯取直；礼用以消除祸患，就像筑堤防而防范洪水。此言礼对治国安邦的作用。

礼之至者无文，哀之深者无节。

【注释】出自宋·苏轼《赐文武百寮太师文彦博已下上第一表请举乐不允批答》。之，的。至，最、极。文，文饰。节，节制。

【译文/点评】礼的最高境界是不需要文饰的，哀伤至极是不会有所节制的。此言"大礼无文"、"大哀不节"的道理，一切归之于自然。

吏不畏吾严，而畏吾廉；民不服吾能，而服吾公。公则民不敢慢，廉则吏不敢欺。

【注释】出自明·贞庵主人《官箴碑》。畏，怕。服，叹服、折服。则，就。

【译文/点评】官吏不怕我严格，而怕我清廉；老百姓不折服于我的能力，而折服于我的公正。公正，老百姓就不敢对我轻慢；廉洁，官吏就不敢欺瞒我。此言做官守住"公"、"廉"二字，便会吏畏民服。

利少而义多，为之。

【注释】出自先秦《荀子·修身》。为，做。之，它。

【译文/点评】利益少，但是道义多，这样的事要做。此言在利与义之间要舍利而取义，强调的是一种修身原则。

莅官之要，曰廉曰勤。

【注释】出自宋·胡太初《昼帘绪论·尽己》。莅（lì），到。莅官，做官。之，的。要，要领、关键。曰，叫。

【译文/点评】做官的关键是"清廉"与"勤政"。此言意在提倡做官一要清廉不徇私，二要勤政以爱民。

林深则鸟栖，水广则鱼游，仁义积则物自归之。

【注释】出自唐·吴兢《贞观政要·仁义》。则，就。物自归之，物质财富就归他，指占有天下。

【译文/点评】此以林深鸟栖、水广鱼游作比，说明国君行仁义就能使天下归心的道理。

临义而思利，则义必不果。

【注释】出自宋·苏轼《思堂记》。则，那么、就。必，一定。果，成为现实、实现。

【译文/点评】面临大义而想着利益，那么践行大义一定不能实现。此言义与利是相互排斥的，要取义则必舍利。

民未知礼，虽聚而易散。

【注释】出自明·冯梦龙《东周列国志》第三十九回。虽，即使。

【译文/点评】老百姓不知礼，即使勉强将他们聚合在一起，也容易散去。此言知礼的民众才有凝聚力。

民习礼义，易与为善，难与为非。

【注释】出自宋·苏辙《李之纯宝文阁直学士知成都府》。习，学习。与，赞许。

【译文/点评】老百姓学习了礼义，就会虚心向善，不会为非作歹了。此言礼义对老百姓的教化作用。

谋小仁者，大仁之贼。

【注释】出自唐·吴兢《贞观政要·赦令》记唐太宗李世民语。"……者……"古代汉语判断句形式之一，相当于"……是……"。小仁，指小恩小惠。之，的。贼，大敌、害。

【译文/点评】喜欢行小恩小惠，是成就大仁的大敌。此言治国安邦所行的仁政不应该是小恩小惠，而是使广大民众普遍受益的大恩大惠。

目失镜，则无以正须眉；身失道，则无以知迷惑。

【注释】出自先秦《韩非子·观行》。目，眼睛。则，那么、就。无以，没有用来。正，端正。须眉，胡子与眉毛，泛指面容。身，指人。迷惑，此指是非。

【译文/点评】有眼睛而没有镜子，那么就无法观照面容；人若失去道义标准，那么就不辨是非了。此以镜为喻，说明"道"对人们言行的规范作用。

男儿死耳，不可为不义屈。

【注释】出自唐·韩愈《张中丞传后叙》。耳，罢了。不可，不能。屈，屈服。

【译文/点评】男子汉大丈夫死就死了，但不能被不义所屈服。此言男儿要为义而死，不能屈服不义而生。

男女授受不亲，礼也；嫂溺援之以手，权也。

【注释】出自先秦《孟子·离娄上》。授受，递接东西。也，句末语气助词。溺，溺水。援，拉、拽。权，权变、变通。

【译文/点评】男女之间不亲手递接东西，这是礼法的规定；但是，嫂子掉到水里，伸手去拉一把，这是变通的做法。意谓对于男女之间的关系既要坚持原则，又要有一定的灵活性。"男女授受不亲"，在今天虽然是不可思议的，但在中国古代几千年历史中却是不容置疑的习俗，谁也不能打破。这是历史事实，我们必须有所了解。孟子这句话，如果我们引申之，则是如何坚持原则与保持灵活性的名言，对我们今天的为人处世仍不失参考意义。

能爱邦内之民者，能服境外之不善。

【注释】出自先秦《晏子春秋·内篇问上三》。邦，即国，比国小。服，使臣服、驯服。不善，指不善之人，即敌人。

【译文/点评】对治下的臣民能以仁爱之心待之，民众必能感恩戴德，整个国家便有凝聚力。有凝聚力便有战斗力，境外之国虽有敌对之心，也必望而生畏，不得不臣服。这个道理，用今天的话来说，便是"打铁还得自身硬"。

能近取譬，可谓仁之方也已。

【注释】出自先秦《论语·雍也》。譬（pì），譬如、比喻。取譬，这里指得到启发。之，的。方，方法。也、已，皆为句末语气助词。

【译文/点评】能够从身边的小事中得到启发，凡事能从自身的生活体验中将心比心、推己及人，这就可以算是懂得了行"仁"的方法了。这是孔子谈如何修炼"仁"心的方法，要求从生活小事做起，推己及人、将心比心，这是非常切实可行的。其实，这不仅是修炼"仁"心的方法，也是为人处世的基本方法。只有你时时设身处地为别人着想，别人也才如此回报你，你的人际关系才能和谐，你的事业才因得到别人的支持而成功。

年丰廉让多，岁薄礼节少。

【注释】出自南朝梁·萧衍《藉田》。岁薄，年成不好。

【译文/点评】年成好老百姓就懂得廉洁礼让，年成不好老百姓就不大讲究礼节了。此言精神文明是建立在物质文明的基础之上的。与管子所说"仓廪实而知礼节，衣食足则知荣辱"，其意一矣。

宁公而贫，不私而富。

【注释】出自元·张养浩《牧民忠告》卷下。宁，宁可。公，指奉公。私，指谋私。

【译文/点评】宁可奉公守法而贫困，也不谋私枉法而致富。此言做官要存奉公守法之念，切不可废公徇私。

千金未必能移性，一诺从来许杀身。

【注释】出自唐·戎昱《上湖南崔中丞》。移性，改变本性。许，答应。

【译文/点评】再多的金钱也未必能够改变志士的气节、本性，他们从来就是一诺千金而不惜献出自己的生命。此写重义之士临财不改性、杀身以成义的浩然正气。

褰裳赴镬，其甘如荠。

【注释】出自晋·桓温《请还都洛阳疏》。褰（qiān），提起。裳，下衣。赴，走向。镬（huò），古代的大锅，常与鼎用作烹人的残酷刑具。甘，甜。如，像。荠，荠菜。

【译文/点评】提起下裳走向鼎镬中，心中坦然就像吃了荠菜一样甘甜。此言为了大义而勇于赴死的大无畏气度，读之不禁让人肃然起敬。

钱财如粪土，仁义值千金。

【注释】出自明·冯梦龙《警世通言·桂员外途穷忏悔》。

【译文/点评】此以比喻修辞法与夸张修辞法，将钱财与仁义作了对比，强调了仁义的价值。意在劝人切不可眼中只有金钱，而心中不存仁义之念。

清风两袖去朝天，不带江南一寸锦。

【注释】出自明·况钟《劝农诗》。朝天，朝见天子。一寸锦，代指江南的物产。

【译文/点评】此句表达的是诗人居官清廉、坦荡无私的心志。

求仁而得仁，又何怨。

【注释】出自先秦《论语·述而》。

【译文/点评】追求"仁"而得到了"仁"名，那还有什么可以抱怨的呢？意谓得到了自己预期想得到的就应该满足，而不应该在预期目标之外有进一步的奢求。

却之不恭，受之太过。

【注释】出自明·施耐庵《水浒传》第七十二回。却，推辞、推让。恭，恭敬。之，这里指别人的馈赠之礼或赞颂之辞。过，过分。

【译文/点评】此写对别人馈赠或赞颂的谦逊不安之情。

让礼一寸，得礼一尺。

【注释】出自汉·曹操《礼让令》。

【译文/点评】此言要想得到别人的敬重，就必须先对他人礼让谦恭。

人必知道而后爱身，知爱身而后爱人，知爱人而后知保天下。

【注释】出自宋·苏辙《汉昭帝》。必，一定。道，道义、道理。身，指个人。

【译文/点评】一个人一定要知道道义，然后才能真正地爱自己；知道爱自己，然后才能爱别人；知道爱别人，然后才能知道怎样保天下的道理。此言懂得"道"在做人与治国安邦方面的重要意义。

人而无礼，胡不遄死？

【注释】出自先秦《诗经·鄘风·相鼠》。而，如果。胡，疑问代词，相当于"为什么"。遄（chuán），快、立即。

【译文/点评】此句强调的是礼对处世做人的重要性。

人而无仪，不死何为？

【注释】出自先秦《诗经·鄘风·相鼠》。仪，礼仪、威仪，仪表举止。何为，干什么。

【译文/点评】为官者既位处万民之上，自然应该一言一行都要为民表率，注重个人的形象对社会行为规范的影响，这样才能上行下效，化育万民，安邦治国。但是，事实上并非如此。此二句即是通过与其前面的两句（"相鼠有皮，人而无仪"）的映衬配合，既于人鼠对比中强烈地讽刺了当时处上位者言行失范、威仪不存的现象，同时也突出强调了礼仪制度建设对于社会行为规范形成甚至治国安邦的意义。

人而无义，唯食而已，是鸡狗也。

【注释】出自先秦《列子·说符》。而，如果。是，这。也，句末语气助词，帮助判断。

【译文/点评】一个人如果没有"义"，只知道吃喝，这与鸡狗无异。此言讲究"义"是人之所以为人的基本条件。其意是强调"义"在做人方面的重要性。

人固有一死，或重于泰山，或轻于鸿毛。

【注释】出自汉·司马迁《报任少卿书》。固，本来。或，有的。鸿毛，大雁的羽毛。

【译文/点评】人本来都是要死的，但是有的人死得有价值，好比泰山一样重；有的人死得没有意义，好比雁毛一般轻。此以比喻修辞法说明了两种不同的死及其价值。后世常以此句鼓励人们为正义的事业而献身。

人皆有不忍人之心。

【注释】出自先秦《孟子·公孙丑上》。不忍人，怜悯人。之，的。

【译文/点评】人都有怜悯他人的心。此言富有同情心是人之天性。

人能弘道，非道弘人。

【注释】出自先秦《论语·卫灵公》记孔子语。弘，弘扬、光大。道，此指道义、真理。

【译文/点评】人能将真理弘扬光大，不是真理把人弘扬光大。此言人在"弘道"方面的能动性。

人人好公，则天下太平；人人营私，则天下大乱。

【注释】出自清·刘鹗《老残游记》第九回。好（hào），喜欢。则，那么。营私，谋求私利。

【译文/点评】人人奉公守法，那么天下就会太平；人人都想着谋求私利，那么天下必然大乱。此言天下的治乱与一个社会是奉公还是营私的风气占上风有着密切关系。

人无礼而何为，财非义而不取。

【注释】出自明·施耐庵《水浒全传》第六十八回。

【译文/点评】作为一个人，言行要依"礼"而行，财富要循"义"而得。此言意在强调做事要遵守"礼"的规范，取财要坚持"义"的原则。

人无礼则不生，事无礼则不成，国无礼则不宁。

【注释】出自汉·韩婴《韩诗外传》。则，就。

【译文/点评】做人不讲"礼"就难以立身，做事不讲"礼"就难以成功，国家不讲"礼"就不得太平。此言"礼"在规范人们行为与治国平天下方面的重要性。

人以义来，我以身许。褰裳赴急，不避寒暑。

【注释】出自唐·柳宗元《祭万年裴令文》。许，答应、酬报。褰，提起。裳，下衣。赴，走向。急，危急、急难。

【译文/点评】他人对我讲道义，我舍性命相投效。提起衣裳赴急难，不管寒冷与酷暑。此言舍生取义、勇赴急难的决心，典型地表现了中国人历来赞赏的知恩图报、义薄云天的做人信念。

人之不廉，而至于悖礼犯义，其原皆生于无耻也。

【注释】出自清·顾炎武《日知录·廉耻》。之，放在主谓语之间，取消句子的独立性。悖（bèi），违背。原，根源。也，句末语气助词。耻，指廉耻。

【译文/点评】一个人不廉洁，以至于违背礼义，其原因都是由于没有廉耻之心。此言意在强调人应有廉耻之心。

人之所以为贵者，以其有信有礼；国之所以能强，亦云惟信与义。

【注释】出自唐·张九龄《敕吐蕃赞普书》。之所以，"……的原因"。者，代词，放在主语后面，引出原因。以，因为。亦，也。云，语气助词，无义。惟，只。

【译文/点评】人类尊贵的原因，是因为人类讲诚信、有礼仪；国家能够强大的原因，也只是因为讲诚信、守道义。此以人作类比，引申说明国家之间的交往要讲诚信与道义。

人知贵生乐安而弃礼义，辟之是犹欲寿而刭颈也。

【注释】出自先秦《荀子·强国》。贵生乐安，以活着为贵、以安定为乐。辟，通"譬"，比如。也，句末语气助词。

【译文/点评】一个人知道爱惜生命、安于快乐而抛弃礼义，那就好比想长寿而自刭其颈一样。此以比喻来说明坚守礼义对于"贵生乐安"的重要性，强调治国安邦不可缺失礼义的意义。

仁不轻绝，知不简功。

【注释】出自汉·刘向《新序·杂事三》。仁，指仁德之人。轻，轻易。知，同"智"。简，怠慢。

【译文/点评】仁德之人不轻易与人决绝，智慧的人不会怠慢有功之人。此言仁者、智者对他人的态度。

仁不轻绝，智不轻怨。

【注释】出自汉·刘向编《战国策·燕策三》。仁，指仁爱之人。轻，轻易。智，指智慧之人。

【译文/点评】仁爱的人不会轻易与他人决绝，智慧的人不会轻易怨恨别人。此言仁者、智者应有豁达容人的气度与雅量。

仁不以勇，义不以力。

【注释】出自汉·班固《汉书·高帝纪》。以，用、靠。

【译文/点评】仁义不是靠勇气与武力来达成与体现的。此言仁义是靠施恩来争取人心的。

仁不异远，义不辞难。

【注释】出自汉·班固《汉书·武帝纪》。异，不同。远，指关系疏远。

【译文/点评】此以"互文成义"的修辞方法，说明了仁义不能因为关系的远近与实行的难易而有所不同、有所推辞。意在强调行仁行义就是要有以天下为己任、杀身以成仁的胸襟。

仁莫大于爱人，知莫大于知人。

【注释】出自汉·刘安《淮南子·泰族训》。莫，没有。知（第一个），通"智"，智慧。

【译文/点评】仁没有大于爱人的，智慧没有超过知人善任的。此言能够仁爱地对待一切人即是最大的"仁"，能够了解别人就是最大的智慧。强调的是"仁即爱人、智即知人"的理念。

仁人者，正其谊不谋其利，明其道不计其功。

【注释】出自汉·班固《汉书·董仲舒传》。仁人者，指仁义的人。谊，通"义"。正其谊、明其道，皆言重视道义。

【译文/点评】仁义之人重视道义，不谋私利、不计功利。此言仁义之人是以道义为依归而做事说话的，不带功利目的。

仁行而从善，义立则俗易。

【注释】出自汉·班固《汉书·武帝纪》。而、则，那么。从，跟从。易，改变。

【译文/点评】统治者行仁政，那么老百姓就会跟从而向善；统治者讲信义，那么不良的民风民俗就会随之改变。此言统治者行仁义就能使老百姓受到感化而向善，并带动社会风气的好转。

仁以为己任，不亦重乎？死而后已，不亦远乎？

【注释】出自先秦《论语·泰伯》。亦，也。乎，吗。已，停止。远，指志向远大。

【译文/点评】君子以实现仁德为自己的任务，难道使命还不够重大吗？为实现仁德而奋斗到死，这还不够志向远大吗？这是孔子的学生曾子谈君子的志向品德。后世成语"任重道远"、"死而后已"，即源于此。其对中国传统士大夫奋发进取的人生激励作用是不可低估的。

仁、义、礼、智、信，谓之五常，废一不可。

【注释】出自唐·吴兢《贞观政要·诚信》记房玄龄语。谓，叫做。之，指代仁、义、礼、智、信。常，纲常、伦常。

【译文/点评】此言治国安邦必须将仁、义、礼、智、信五者作为纲常、全面兼顾的重要性。

仁义，理之本也；刑罚，理之末也。

【注释】出自唐·吴兢《贞观政要·公平》记魏征语。"……也"，古代汉语判断句形式之一，相当于"……是……"。理，治国。之，的。本，根本。末，非根本。

【译文/点评】行仁义是治国的根本之道，靠刑罚则是治国的末路。此言治国安邦当以行仁义感化人民为根本。

仁则人亲之，义则人尊之。

【注释】出自先秦《尸子·君治》。则，就。亲，亲近。之，他。

【译文/点评】有仁爱之心，人们就会亲近他；有正义感，人们就会尊敬他。此言仁、义是受人尊崇的两种美德。

仁者爱人，义者政理。爱人以除残为务，政理以去乱为心。

【注释】出自南朝宋·范晔《后汉书·梁统传》。政，通"正"。务，追求。心，心愿。

【译文/点评】讲究仁的人爱护老百姓，重视义的人使理不致偏颇。爱护人民要以根除残忍为目标，重视维护理要以去掉引起混乱的根源为目标。此言仁者、义者治国安邦的目标是"爱人"与"正理"。

仁者爱人，有礼者敬人。爱人者，人恒爱之；敬人者，人恒敬之。

【注释】出自先秦《孟子·离娄下》。者，（的）人。恒，永远。之，他。

【译文/点评】有仁德的人爱护别人，有礼的人敬重别人。关爱别人的人，别人会永远爱戴他；敬重他人的人，别人会永远敬重他。这是孟子讲"仁"、"礼"与修德的名言。其意在强调人要有仁爱之心、敬人之礼。这样，才能赢得他人的爱戴与敬重。今日我们常说："人敬我一尺，我敬人一丈"，说的正是这个意思。因为人与人之间的关系是双向的、互动的。

仁者爱万物，而智者备祸于未形，不仁不智，何以为国？

【注释】出自汉·司马迁《史记·赵世家》。备，预防。未形，没有显露、表现。何以，用什么、凭什么。为国，治国。

【译文/点评】仁爱的人博爱万物，而智慧的人则防患于未然。不仁不智的人，靠什么治国呢？此言治国安邦既要有博爱万物的仁者胸怀，也要有防患于未然的大智慧。

仁者安仁，知者利仁，畏罪者强仁。

【注释】出自汉·戴圣《礼记·表记》。者，（的）人。安，"以……为安"。知，同"智"。利，"以……为利"。强，勉强。

【译文/点评】仁爱的人以行仁为心安，智慧的人以行仁为有利，怕得罪于民众的人勉强行仁。此言同样是行仁爱之举，却有三种不同的境界：仁者行仁是一种自觉的行为，智者行仁是为了获利，畏罪者行仁是为了免罪。

仁者不乘危以邀利，智者不侥幸以成功。

【注释】出自明·冯梦龙《东周列国志》第三十回。

【译文/点评】仁者不会为了获利而乘人之危，智者不会抱侥幸心理希望成功。此言仁者与智者为人处世的原则和信念。

仁者不以盛衰改节，义者不以存亡易心。

【注释】出自晋·陈寿《三国志·魏书·曹爽传》裴松之注引皇甫谧《列女传》。以，因为。

【译文/点评】仁爱的人不会因为盛衰而改变节操，讲道义的人不会因为存亡而改变心志。此言意在强调坚守"仁"、"义"要有矢志不移的意志，不因环境或条件的改变而改变。

仁者莫大于爱人，知者莫大于知贤，政者莫大于官贤。

【注释】出自汉·戴德《大戴礼记·主言》。莫大于，"没有比……重要"。知，通"智"。政，指从政、执政。官贤，让贤能的人做官。

【译文/点评】对于讲仁爱的人来说，没有比做到关爱他人更重要；对于崇尚智慧的人来说，没有比了解贤能者更重要；对于执政者来说，没有比重任贤能的人更重要。此言"爱人"、"知贤"、"任贤"才是行"仁"、用"智"与执政的关键内容。

仁者人也，亲亲为大；义者宜也，尊贤为大。

【注释】出自汉·戴圣《礼记·中庸》。"……者……也"，古代汉语判断句形式之一，相当于"……是……"。亲亲，孝敬父母。宜，适宜。

【译文/点评】仁就是人与人之间相互关爱，尤其以孝敬自己的父母最重要；义就是人与人之间的关系相处适宜，尤其以尊敬贤者最重要。此言"仁"、"义"的内涵及其基本要点。

仁者无敌。

【注释】出自先秦《孟子·梁惠王上》。

【译文/点评】仁爱的人无人能够抵敌。此言"仁"在治国安邦中的巨大力量，意在劝国君对人民行"仁"道。

仁者先难而后获。

【注释】出自先秦《论语·雍也》。仁者，有仁德的人。

【译文/点评】有仁德的人总是有困难自己先上，有好处自己退后。这是孔子对于"仁者"所提出的标准。用今天的话来说，就是吃苦在前，享乐在后。这是一种非常崇高的境界，所以孔子认为只有仁者才能达到。

仁者以其所爱及其所不爱，不仁者以其所不爱及其所爱。

【注释】出自先秦《孟子·尽心下》。以，用。及，推及。所不爱，指自己所不爱的人。所爱，自己所爱的人。

【译文/点评】仁义的人把他所喜欢的推广到他所不爱的人身上，不仁义的人把自己不喜欢的推及到他所爱的人身上。此言"仁者"爱一切人，包括自己所爱的人与所不爱的人，自己想得到的东西一定会让自己所爱与所不爱的人都得到，自己不喜欢的东西决不会强加于自己所爱与所不爱的人头上，即孔子所说的"己所不欲，勿施于人"。

仁者在位而仁人来，义者在朝而义士至。

【注释】出自汉·陆贾《新语·思务》。在位、在朝，皆指执政、做官。至，来。

【译文/点评】仁德的人执政，便会有仁德的人前来相助；正直有道义感的人执政，便会有义士前来相投。此言只有领导者有仁有义，才能吸引有仁义的人才为其所用。意谓有什么素质的领导者，就能积聚什么素质的人才。此与"物以类聚，人以群分"之义相通。

仁之法在爱人，不在爱我；义之法在正我，不在正人。

【注释】出自汉·董仲舒《春秋繁露·仁义法》。之，的。法，方法。正，使端正。

【译文/点评】实践"仁"的方法在于爱护他人，而不在于爱自己；实践"义"的方法在于端正自己的言行，而不在于要求别人端正言行。此言实践"仁"、"义"的道德理想应当从自我做起。

仁之与义，敬之与和，相反而皆相成也。

【注释】出自汉·班固《汉书·艺文志》。之，放在主谓语之间，取消句子的独立性。"……也"，古代汉语判断句形式之一，相当于"……是……"。相反，相对。相成，相互补充而完善。

【译文/点评】"仁"和"义"、"敬"与"和",都是相对而相互补充完善的。此言"仁"和"义"、"敬"与"和"之间相辅相成的辩证关系。

若义重于生,舍生可也;生重于义,全生可也。

【注释】出自南朝宋·范晔《后汉书·杜乔传》。若,如果。生,生命。全,保全。也,句末语气助词。

【译文/点评】如果义比生命重要,那么可以舍生取义;如果生命比义更重要,也可以暂保全生命。此言在取舍生死时要根据义的要求作灵活处理,既不要贪生怕死,也不必做无谓的牺牲;有时留得青山在,是为了今后要行更大的"义"。

上好礼,则民莫敢不敬;上好义,则民莫敢不服;上好信,则民莫敢不用情。

【注释】出自先秦《论语·子路》。上,指在上位者,即当权者。好(hào),喜欢。则,就。莫,没有人。礼,指礼仪。义,指道义。信,指信任、诚信。不用情,不用感情,即隐瞒实情。

【译文/点评】在上位者好礼,老百姓就没人敢有不敬之情;在上位者好义,老百姓就没人敢有不服之心;在上位者好信,老百姓就没人敢对他隐瞒实情。这是孔子论述"居上位者"加强自身道德修养对万民垂范的影响作用。今天我们强调正人先正己、领导以身作则,说的正是这个意思。

上好礼,则民易使也。

【注释】出自先秦《论语·宪问》。上,指在上位者、统治者。好（hào），喜欢。则，那么、就。易，容易。使，驱使、统治、管理。也，句末语气词。

【译文/点评】在上位的人喜爱礼，那么老百姓就好管理了。这是孔子谈崇"礼"对国家治理的特别作用。他所说的"礼"，即周公所制定的礼法。如果作泛化的理解，将"礼"看成是国家的政治法律制度，那么这个观点今天仍然有价值。今天我们所强调的以法治国，其精神实质不正是一样吗？

生，人之始也；死，人之终也。终始俱善，人道毕矣。

【注释】出自先秦《荀子·礼论》。"……也"，古代汉语判断句形式之一，相当于"……是……"。人道，为人之道。毕，完成、完善。矣，了。

【译文/点评】生是人的开始，死是人的终结。开始与终结都做得好，那么他的为人之道就完善了。此言意在劝人行仁行善，要善始善终。

生亦我所欲也，义亦我所欲也，二者不可得兼，舍生而取义者也。

【注释】出自先秦《孟子·告子上》。亦，也。欲，想、要。"……也"，古代汉语判断句形式之一，相当于"……是……"。得兼，能够兼顾。

【译文/点评】生命是我所想要的，道义也是我想要的。如果两者不能同时兼顾，那么我舍弃生命而保全道义。此言道义是高于一切的东西。这一思想与人生价值观对中国传统士大夫有极大的影响作用，它曾激励着历史上很多正直之士为国家、为正义的事业前仆后继地献出了自己的生命。成语"舍生取义"，即源于此。

十步之泽，必有香草；十室之邑，必有忠士。

【注释】出自汉·刘向《说苑·谈丛》。泽，聚水的洼地。邑，小城。

【译文/点评】哪怕是只有十步见方的水洼之地，也一定会有芳草；即使是只有十户人家的小城，也一定不乏忠义之人。此以比喻修辞法形象生动地说明了一个道理：只要有好的社会环境，世上不愁没有忠义之士。

士见危致命，见得思义。

【注释】出自先秦《论语·子张》记子张语。致命，献出生命。得，利益。

【译文/点评】士见有危难就会舍身赴死，见到利益就想到道义。此言士应有的崇高道德品质。虽然现实生活中不易做到，但却是我们应该提倡的道德规范。不然，人人见利忘义，有危险就退缩，那么这个社会还有什么希望呢？

士有死不失义。

【注释】出自宋·欧阳修《与尹师鲁第一书》。

【译文/点评】有志之士宁可舍弃生命，也不愿放弃道义。此言意在强调道义重于生命的理念。

世治则礼详，世乱则礼简。

【注释】出自晋·陈寿《三国志·魏书·袁涣传》。则，就。详，详备。

【译文/点评】天下太平，礼乐制度就详备完善；天下大乱，礼乐制度就简陋简单。此言礼乐制度的完备与否和天下的治乱有密切关系。

视人之国，若己之国；视人之家，若己之家；视人之身，若己之身。

【注释】出自先秦《墨子·兼爱中》。视，看待。人，别人。若，像。

【译文/点评】看待别人的国家就像自己的国家一样，看待别人的家，就像自己的家一样，看待别人的身体就像自己的身体一样。此言推己及人、视人如己的精神境界，即墨子所主张的"兼爱"理想。

死必得所，义在不苟。

【注释】出自晋·陈寿《三国志·吴书·周鲂传》裴松之注引徐众评。必，一定。苟，苟且、马虎。

【译文/点评】死一定要死得有意义，为了道义而不苟且偷生。此言不必作无谓的牺牲，但也不能不顾道义而苟且偷生。也就是说，死要死得值得，活要活得有尊严。

死而不义，非勇也。

【注释】出自先秦《左传·文公二年》。义，道义、正义。

【译文/点评】因为不义之事而死，虽死不算勇武。此言赴义而死才是勇。强调的是义的价值。

死亦我所恶，所恶有甚于死者，故患有所不辟也。

【注释】出自先秦《孟子·告子上》。亦，也。恶，厌恶、不喜欢。甚于，超过。故，所以。患，祸患。辟，通"避"，逃避。

【译文/点评】死也是我所厌恶的，但是世上还有比死更令人厌恶的，所以，有些祸患我是在所不避的。此言表达了孟子为了道义而勇于赴死的决心，千百年来对中国传统知识分子具有极大的精神激励作用。

虽死而不朽，逾远而弥存也。

【注释】出自宋·欧阳修《送徐无党南归序》。逾，越。弥，越。

【译文/点评】为道义而死，虽死犹生，时间越久远而名声越久存。此言为正义而死将名垂不朽。

虽死之日，犹生之年。

【注释】出自晋·陈寿《三国志·吴书·孙登传》。虽，虽然。之，的。日、年，指时候。犹，像。

【译文/点评】虽然是死了，但还像活着的时候一样。此言一个人为道义而死，死得其所，虽死犹生。

所守者道义，所行者忠信，所惜者名节。

【注释】出自宋·欧阳修《朋党论》。"……者……"，古代汉语判断句形式之一，相当于"……是……"。名节，名誉与节操。

【译文/点评】所要坚守的是道义，所要践行的是忠信，所要爱惜的是名节。此言正人君子修身的原则。

特立独行，适于义而已，不顾人之是非。

【注释】出自唐·韩愈《伯夷颂》。

【译文/点评】不随波逐流，坚持自己独立的人格与行为方式，所言所为只是循着"义"的道路而行，不顾忌别人的毁誉。此乃赞颂周朝隐士伯夷高洁的人格魅力之辞，也是对君子修身的要求。

投我以桃，报之以李。

【注释】出自先秦《诗经·大雅·抑》。投，投掷、赠送。报，回赠、报答。

【译文/点评】你以鲜桃赠予我，我以李子相回赠。此言往来赠答、礼尚往来是人与人之间应有的礼仪。今日我们所说的成语"投桃报李"即源于此。

万事莫贵于义。

【注释】出自先秦《墨子·贵义》。万事，泛指一切事情。莫，没有。贵，重要。

【译文/点评】没有任何事情比义更重要的了。此言是极力推崇道义、正义的价值，意在劝止战国时代不义战争、不义之事的发生。

妄誉，仁之贼也；妄毁，义之贼也。

【注释】出自汉·扬雄《法言·渊骞》。妄，胡乱、没根据地。誉，称誉。之，的。贼，害、大敌。毁，诋毁、诽谤。

"……也"，古代汉语判断句形式之一，相当于"……是……"。

【译文/点评】胡乱地称赞他人，这是仁的大敌；没根据地诋毁他人，这是义的大敌。此言仁义之人不会没有根据地称赞别人和诋毁别人。强调毁誉一定要建立在事实的基础之上，评价他人要实事求是。

威行爱立，讼清事举。

【注释】出自宋·曾巩《宜黄县学记》。讼，诉讼、官司。

【译文/点评】恩威并行，诉讼清廉公正，事情也就都成功了。此言清廉公正对从政的重要性。

为富不仁矣，为仁不富矣。

【注释】出自先秦《孟子·滕文公上》。为，做、行。矣，句末语气助词。

【译文/点评】做富人的不会行仁义，行仁义的不会富裕。此言"仁"与"富"是有矛盾的，不可得而兼之。因为富者喜欢聚敛财富、盘剥穷人，仁者喜欢仗义疏财、救济穷人。成语"为富不仁"，即源于此，是批评富人不肯行仁义善事。

惟俭可以助廉。

【注释】出自元·脱脱等《宋史·范纯仁传》。惟，只。

【译文/点评】只有俭朴可以对清廉有帮助。此言意在强调节俭作风，以此减少对物质的贪欲，从而实现清廉为官的目标。

惟仁义为本。

【注释】出自汉·司马迁《史记·晋世家》。惟，只。本，根本。

【译文/点评】只有行仁讲义才是治国安邦的根本。此言仁义对于争取民心、治国安邦的重要性。

唯仁者能好人，能恶人。

【注释】出自先秦《论语·里仁》。唯，只有。仁者，有仁爱之心者。好（hào），喜爱、爱好。恶（wù），厌恶、讨厌。

【译文/点评】只有仁德之人才能以公正不偏的态度喜爱人、厌恶人。这是孔子强调"仁"在个人修养中的重要性。认为只有达到"仁"的境界，才能对人的评价不偏不倚、公正可取。孔子说这话虽然主要是着眼于他心中的"仁"，但由此提出的评价人的标准却有普遍意义。这就是只有自己的修养达到了一定的境界，才能保证其对他人的好恶之情是公正可取的。

闻义能徙，视死如归。

【注释】出自明·冯梦龙《东周列国志》第五十回。徙（xǐ），迁徙、转移。

【译文/点评】闻说道义就立志追求，对待死亡如同回家。此写志士闻义而求、慷慨赴死的浩然正气。

我自横刀向天笑，去留肝胆两昆仑。

【注释】出自清·谭嗣同《狱中题壁》。去留，指戊戌变法失败后留下来赴难的人与前往日本避难的人。昆仑，昆仑山，此指康有为和自己。

【译文/点评】此写在维新变法失败后愿意从容赴死的大无畏精神，认为康有为、梁启超前往日本避难以图将来和自己留下来为变法而死以唤醒国人都是高尚的行为，就像是两座巍峨的昆仑山一样。

无恻隐之心，非人也；无羞恶之心，非人也；无辞让之心，非人也；无是非之心，非人也。

【注释】出自先秦《孟子·公孙丑上》。恻隐，同情、怜悯。羞恶，羞耻。辞让，谦让。"……也"，古代汉语判断句形式之一，相当于"……是……"。

【译文/点评】没有同情心，不是人；没有羞耻心，也不是人；没有谦让心，不是人；没有是非心，也不是人。此言坚持"四心"是做人的基本条件。

无其德而当之，为不智；有其材而辞之，为不仁。

【注释】出自宋·苏轼《赐新除守尚书右仆射兼中书侍郎范纯仁上第一表挽辞免恩命不允批答》。其，指示代词，相当于"那、那些"。当，担任。之，指官职。为，是。辞，推辞。

【译文/点评】没有那种德望而勉强担任官职，是不明智的表现；有那个才能而推辞不担任官职，是不仁的表现。此言有其能就任其职，这叫当仁不让。

先之以敬让，而民不争；导之以礼乐，而民和睦；示之以好恶，而民知禁。

【注释】出自先秦《孝经·三才》。之，指民众。以，用。敬让，恭敬、谦让。导，引导。示，指示、指明。禁，道德禁忌、法律禁令。

【译文/点评】先以恭敬与谦让的道理教导民众，那么民众就不会你争我夺；接着以礼乐引导他们，他们就会知道和睦相处了；再明确地告诉他们哪些是好的，哪些是不好的，那么他们就会知道道德的禁忌与法律的禁条，不敢作奸犯科了。这是孔子谈治国安邦的策略。强调的是以礼乐引导民众的教化作用，也就是我们今天所说的精神文明建设。

心知去不归，且有后世名。

【注释】出自晋·陶渊明《咏荆轲》。且，将。

【译文/点评】此写荆轲为报燕太子丹知遇之恩而勇于赴死、前往刺杀秦王时的心情，读之让人为其义薄云天的侠义精神而感动不已。

行义不顾毁誉。

【注释】出自汉·刘向编《战国策·秦策三》。行义，指做符合道义的事。

【译文/点评】为了正义的事业而不必顾虑别人的诋毁或称誉。此言意在鼓励人们勇于行义。

幸人之灾，不仁；背人之施，不义。

【注释】出自明·冯梦龙《东周列国志》第三十回。幸，

"对……感到高兴"。背，背叛，此指忘记。施，恩施、恩情。

【译文/点评】对别人的灾祸感到高兴，这是不仁的表现；忘记别人对自己的恩情，这是不义之举。此言意在强调为人应当知恩图报、应当富有同情心。

一代礼乐之得失，则一代之治忽所由系也。

【注释】出自唐·张九龄《明礼乐》第五章。之，的。则，乃、是、就是。治忽，治乱。所由系，相关联。也，句末语气助词。

【译文/点评】一个时代礼乐制度的好坏，与一个时代的治乱有紧密的关系。此言礼乐制度对天下治乱的影响作用，意在强调礼乐制度的制定要恰当。

一代之丕兴，必有一代之礼乐。

【注释】出自唐·张九龄《明礼乐》第五章。之，的。丕（pī），大、宏大。必，一定。

【译文/点评】一个时代的兴盛，一定有一个时代得以兴盛的礼乐制度。此言时代不同、时势不同，便会有不同的礼乐制度与之相适应，由此才能开创一个时代的兴旺景象。

一丝一粒，我之名节；一厘一毫，民之脂膏。宽一分，民受赐不止一分；取一文，我为人不值一文。

【注释】出自清·张清恪《禁止馈送檄》。之，的。脂膏，指血汗和劳动果实。

【译文/点评】人民的一根线、一粒粮，都关系到我的名节；人民的一厘一毫财富，都凝聚了他们的血汗。对老百姓宽厚一分，他们得利则不止一分；我多取老百姓一文，那么我的人格就不值一文。此言做官应当体谅人民的艰苦，清廉而不聚敛于民。

衣冠不正，则宾者不肃。

【注释】出自先秦《管子·形势解》。则，那么。宾者，宾客、客人。肃，严肃。

【译文/点评】主人衣冠不整齐，那么客人态度就不会严肃。此言穿衣戴帽也要遵守礼的规范。衣冠整齐，不仅关系到一个人的仪表细节，更关乎一个人待人接物的态度问题。一般说来，衣冠端正总是被视为对他人的一种尊敬。今天我们提倡公共场所或正式场合要衣冠端正、整洁，正是这个道理。

遗生行义，视死如归。

【注释】出自先秦·吕不韦《吕氏春秋·季冬纪·士节》。遗，遗失、抛弃。生，生命。行义，做符合道义、正义之事。视，看待。如，像。归，回家。

【译文/点评】为了正义的事业，可以抛弃生命，把死亡看成回家一般。此言意在提倡一种为了行义而甘弃生命的人生价值观。成语"视死如归"，即源于此。

以仁安人，以义正我。

【注释】出自汉·董仲舒《春秋繁露·仁义法》。以，用。安人，使别人安。正我，端正自己。

【译文/点评】以仁使别人安定，以义端正自己的言行。此言意在强调"行仁在于爱人、取义在于正己"的政治理念。

以仁为富，以义为贵。

【注释】出自晋·陈寿《三国志·魏书·文帝纪》裴松之注引《献帝传》。

【译文/点评】此言意在强调"仁"、"义"在立世为人方面的重要价值。

以仁义服人，何人不服。

【注释】出自清·吴敬梓《儒林外史》第一回。

【译文/点评】此言仁义在征服人心方面具有至高无上的力量。

以义取人，以道自任。

【注释】出自唐·韩愈《送石处士序》。以，根据、用。任，担负。

【译文/点评】以义为标准取人，以道自我要求。此言意在强调"道"、"义"在律人律己方面的重要意义。

以至诚为道，以至仁为德。

【注释/点评】出自宋·苏轼《道德》。至，最。

【译文/点评】此言道德的最高境界与标准就是"至诚"与"至仁"。

义不负心，忠不顾死。

【注释】出自明·罗贯中《三国演义》第二十六回。

【译文/点评】此言坚守"义"要问心无愧，坚守"忠"而不顾及生死。其意是强调"忠"、"义"二字对做人的重要意义。

义动君子，利动贪人。

【注释】出自汉·班固《汉书·匈奴传》。贪人，贪利之人。

【译文/点评】君子为义而感动，小人为利而动心。此言君子与小人两种不同的道德境界，与"君子喻于义，小人喻于利"（《论语·里仁》）同义。

义死不避斧钺之诛，义穷不受轩冕之服。

【注释】出自汉·刘向《新序·义勇》。义死，为义而死。斧钺，古代的两种武器。诛，杀。义穷，为义而失意。轩冕，古代高官的官车官服，此代指高官厚禄。

【译文/点评】如果为义而死，虽杀头之刑不避；如果为义而失意潦倒，不接受高官厚禄的尊荣也是值得的。此言为了"义"可以不避生死，可以不要高官厚禄。意在强调"义"对做人的重要性，鼓励世人为义而献身。

义，天下之良宝也。

【注释】出自先秦《墨子·耕柱》。之，的。良，好。"……也"，古代汉语判断句形式之一，相当于"……是……"。

【译文/点评】义是天下最好的宝贝。此言义的价值，意在鼓励世人行义、反对不义。

义者无敌，骄者先灭。

【注释】出自南朝宋·范晔《后汉书·袁绍传》。义者，讲道义的人、坚持正义的人。骄者，此指骄横跋扈的人。

【译文/点评】坚持正义道义，就会天下无敌；骄横跋扈的人，则会先被灭亡。此言意在劝人为善戒恶。

义之所在，不倾于权，不顾其利，举国而与之，不为改视。

【注释】出自先秦《荀子·荣辱》。倾，倾向。举国，全国。与，给。改视，改变态度。

【译文/点评】义所在的地方，就是应该勇于前行的地方，不倾倒于权力，不顾虑到利益，就是把全国都给他，也不会改变他的态度。此言为了义可以不顾一切，意在强调义高于一切的重要性，鼓励世人勇于赴义。

义之所在，身虽死，无憾悔。

【注释】出自汉·刘向编《战国策·秦策三》。虽，即使。

【译文/点评】义所在的地方，就是应该奔赴向前之地，即使身死，也无遗憾、不反悔。此言为义而死，无怨无悔。意在鼓励人们勇于赴义。

因人之力而敝之，不仁。

【注释】出自先秦《左传·僖公三十年》。因，依靠、凭借。之（第一个），的。敝，同"蔽"，遮掩、隐藏。之（第二个），指别人的力量。

【译文/点评】凭借别人的力量而获得成功却隐藏别人的功劳，这是不仁的表现。此言意在强调受恩于人应当感恩戴德，而不能忘恩负义。

有德者必有言，有言者不必有德；仁者必有勇，勇者不必有仁。

【注释】出自先秦《论语·宪问》。者，（的）人。必，一定。言，指好的言论。仁，仁爱。

【译文/点评】一个人道德高尚，那么他一定能说出一些有益于世人的精辟之言，能说出精辟有哲理的话，不一定就是有道德的人；仁爱的人一定勇敢无畏，但是勇敢无畏的人并不一定都有仁爱的精神。这是孔子对德与言、仁与勇关系的论述，其中蕴藏着朴素的辩证法思想，值得我们仔细品味。同时也对我们全面、正确地评价一个人提供了有益的借鉴。

与求生而害义，宁抗节以埋魂。

【注释】出自唐·高适《还京次睢阳祭张巡许远文》。"与……宁……"，"与其……宁可"。抗，举、坚持。以，而。埋魂，指死。

【译文/点评】与其求生而损害大义，宁可坚持气节而死。此言意在强调义比生命更为可贵，二者不可兼得，应当舍生而取义。

欲人之爱己也，必先爱人；欲人之从己也，必先从人。

【注释】出自先秦《国语·晋语四》。欲，要、想。之，放在主谓语之间，取消句子的独立性。也，句中语气助词。从，服从。必，一定。

【译文/点评】要想别人爱自己，一定要先爱别人；要想别人服从自己，一定要先服从别人。此言要求别人的事情先从自己做起，用今天的话来说，就是"从我做起"，责人先责己。

乐以移风易俗，礼以安上化人。

【注释】出自唐·吴兢《贞观政要·规谏太子》。以，用来。两句是"互文见义"，前句包括乐也包括礼，后句包括礼也包括乐。

【译文/点评】礼乐制度是用来改变风俗习惯的，是用来安定上层社会、感化下层民众的。此言礼乐制度在治国安邦中的作用。

在官惟明，莅事惟平，立身惟清。

【注释】出自汉·马融《忠经·守宰》。在官，担任官职。惟，只。明察。莅（lì），到。莅事，指处理事情。平，指公平。立身，指做人。清，清白廉洁。

【译文/点评】做官务求明察，处事务必公平，做人务必清廉。此言如何做官与做人。

在天者莫明乎日月，在地者莫明乎水火，在人者莫明乎礼义。

【注释】出自汉·韩婴《韩诗外传》。莫，没有。乎，于。

【译文/点评】在天上没有比日月更明亮的，在地上没有比水火更明亮的，在人世没有比明白礼义更重要的。此言以日月、水火为类比引喻，意在说明礼义对于人的重要性。

贞以图国，义惟急病，临难忘身，见危致命。

【注释】出自唐·柳宗元《唐故特进南公睢阳庙碑》。贞，忠贞。以，用来。图国，报答国家。惟，只。急病，急国家之难。致命，献出生命。

【译文/点评】忠贞以报答国家，忠义只为了急国家之难，面临危难而忘记自己的生命，见到国家危急而勇于献身。此写志士忠义报国之心。

志士仁人，无求生以害仁，有杀身以成仁。

【注释】出自先秦《论语·卫灵公》。志士，指有崇高理想的人。仁人，指仁德的人。无，没有、不。以，而。

【译文/点评】有志之士与仁德之人，不会因为贪生怕死而损害仁德，只会为了完成仁德而勇于献身。这话是孔子自述其献身理想的愿望与决心，也是对所有志在求仁、成仁之士所提出的希望。其"杀身成仁"的崇高道德追求不仅深深地激励了中国几千年来无数的志士仁人为正义、为理想而献身，而且也为世人提出了一个"坚持正义与真理，俯仰无愧于天地"的做人原则。成语"杀身成仁"，亦源于此。

知而不以告人者，不仁也；告而不以实者，不信也。

【注释】出自唐·韩愈《送浮屠文畅师序》。"……者……也"，古代汉语判断句形式之一，相当于"……是……"。

【译文/点评】知道情况而不告知他人，这是不仁的行为；告知他人情况而不告知实情，这是没有诚信的行为。此言意在强调做人讲"仁"、讲"信"才是正人君子。

治官事不营私家。

【注释】出自汉·刘向《说苑·至公》。治官事，指为国家办事。营，谋求。私家，私人。

【译文/点评】为国家办事不谋取私人的利益。此言做官应当清廉、不可假公济私。

众不附者，仁不足也；附而不治者，义不足也。

【注释】山自晋·陈寿《二国志·魏书·刘表传》裴松之注引司马彪《战略》。"者……也"，古代汉语判断句形式之一，相当于"……是……"。附，归附。

【译文/点评】老百姓不归附，是因为统治者实行仁政不够；老百姓归附了，而天下却并没有治理好，这是因为统治者的信义不够。此言治国安邦只有行仁行义才能使天下归心、天下太平。

忠孝诚信

爱亲者不敢恶于人，敬亲者不敢慢于人。

【注释】出自先秦《孝经·天子》。亲，双亲、父母。恶于人，对他人恶。慢于人，对他人轻慢。

【译文/点评】爱戴父母的人不会对他人不好，敬重父母的人不会对他人轻慢。此言天子的孝道能够推己及人。

不宝金玉，而忠信以为宝。

【注释】出自汉·戴圣《礼记·儒行》。宝（第一个），"以……为宝"。

【译文/点评】不以金玉为宝，而以忠信为宝。此言忠信是远比金玉重要的。其意是提倡天下人以忠信为做人的根本原则。

不精不诚，不能动人。

【注释】出自先秦《庄子·渔父》。

【译文/点评】此言精诚才能感动他人。成语"精诚所至，金石为开"，说的正是这个意思。

不可死而死，是轻其生，非孝也；可死而不死，是重其死，非忠也。

【注释】出自唐·李白《比干碑》。可，应当。是，这是。

"……也",古代汉语判断句形式之一,相当于"……是……"。非,不是。重其死,把死看得太难,意指怕死。

【译文/点评】不当死而死,这是轻视自己的生命,不是孝的表现;当死而不死,这是怕死,没有为国尽忠之心。此言生死问题关系到孝与忠的问题,因此是生还是死不能草率,应当根据孝与忠的原则予以选择。

不孝有三,无后为大。

【注释】出自先秦《孟子·离娄上》。后,指后代。

【译文/点评】不孝的事有三样,其中以没有后代为最大的不孝。这是孟子有关"孝"的观点。这话今天看来当然不完全正确,但在中国两千多年的封建社会历程中是影响非常大的,中国人重视生育的观念也是由此而来的。

不忠不信,何以立于天地之间。

【注释】出自明·冯梦龙《东周列国志》第五十回。

【译文/点评】此言没有"忠"与"信",便无立足于世的资格,意在强调"忠"、"信"对于一个人处世立身的重要性。

藏大不诚于中者,必谨小诚于外,以成其大不诚。

【注释】出自先秦《晏子春秋·外篇·重而异者》。大不诚,即大奸。中,同"衷",心中。必,一定。小诚,即小忠小信。

【译文/点评】藏大奸于心中的人,一定在表面上装得谨小慎微,以小忠小信取信于人,从而达到他实现巨奸大猾的目的。此言意在提醒世人要注意表里不一的伪君子，谨防上当。

诚乎物而信乎道。

【注释】出自唐·柳宗元《零陵郡复乳穴记》。乎，于。物，事物。道，此指政治主张。

【译文/点评】待人接物态度要诚实，对于正确的政治理念要坚信、坚持。此言意在强调人要存诚信之念。

诚心，而金石为之开。

【注释】出自汉·韩婴《韩诗外传》。之，指诚心。

【译文/点评】心诚，那么金石也为此而裂开。此以夸张修辞法说明心诚的力量。成语"精诚所至，金石为开"，即源于此。

诚信者，天下之结也。

【注释】出自先秦《管子·枢言》。"……者，……也"，古代汉语判断句的一种形式，相当于"……是……"。结，根本、关键。

【译文/点评】诚信是天下的根本问题。此言意谓只有解决诚信问题，天下才易于治理。这里的"诚信"，既是对民众的要求，也是对统治者的要求。官民皆有诚信，天下自然太平。

大人者，不失其赤子之心者也。

【注释】出自先秦《孟子·离娄下》。大人，指道德高尚的人。其，他的。赤子之心，指像婴儿一样的天真纯朴之心。

者也，句末用以构成判断的语气助词。

【译文/点评】所谓的"大人"，就是那些不失婴儿般天真纯朴之心的人。这是孟子的话，其意在提倡赤诚为人的道德规范。

大丈夫以信义为重。

【注释】出自明·罗贯中《三国演义》第五十回。信义，指诚信、义气。

【译文/点评】此言讲诚信、讲义气是一个人能成为大丈夫的必备条件，其意是要世人坚守"信"、"义"二字为做人的基本原则。这是曹操在华容道被关羽追堵封杀时说服关羽放他一马时所说的话，结果关羽真的感于曹操旧日之恩而放走了曹操。其言之所以能使关羽放弃原则，置军师诸葛亮的军令于不顾，就在于关羽本是义气干云之人。中国人自古以来之所以那么推崇关羽，甚至关羽被封为关帝，也是由于关羽的忠义。可见，"信义"确是一个人行走江湖的必备资质。

得黄金百斤，不如得季布一诺。

【注释】出自汉·司马迁《史记·季布栾布列传》。

【译文/点评】季布是秦末汉初楚国人，以游侠著称于世。秦末为项羽部将，数次围攻刘邦。项羽失败后，为刘邦追捕，遂隐匿不出。后得刘邦赦免，出为河东守。此语是当时人们对季布人品的称赞之言，认为世上最珍贵的不是黄金，而是季布的一句承诺。意谓为人讲信任是最宝贵的品质，比什么都重要。

德教加于百姓，刑于四海，盖天子之孝也。

【注释】出自先秦《孝经·天子》。德化，道德教化。加于，施予。刑，通"型"，作榜样、作典型。盖，表示推测的语气词，相当于"大概"。之，的。也，句末语气助词。

【译文/点评】道德教化施予百姓，为天下人做出榜样，这大概就是天子的孝了。这是孔子谈天子尽孝的政治意义，强调的是领导者以身作则、率先垂范的力量。

父母在，不远游，游必有方。

【注释】出自先秦《论语·里仁》。方，指确切的方位、去向。

【译文/点评】父母健在，不远游他乡。如果迫不得已一定要远出，也要告知父母确切的去向。这是孔子教导天下为人之子者的名言。虽然今天不一定适用，但是"儿行千里母担忧"的道理还是千古不变的。以今天的情形来说，"父母在，不远游"，那是很难做到的。但是"游必有方"，经常给父母报个平安、打个电话，"凭君传语报平安"还是能够做得到的。时代在变化，孝道的形式也可以改变，但是孝道还是不能不要的。

父母之年，不可不知也。一则以喜，一则以惧。

【注释】出自先秦《论语·里仁》。年，年龄。也，语气助词。一，一方面。以，而。惧，害怕、担心。

【译文/点评】父母的年龄，做子女的不能不知道。一来为他们的健康长寿而高兴，一来为他们垂垂老矣而担忧。这是孔子告知天下人如何做子女的明训。对比孔子的明训，现今的年轻人还有这份对父母最起码的孝敬之心吗？大可令人反省。

国以信而治天下，将以勇而镇外邦。

【注释】出自明·施耐庵《水浒全传》第六十八回。镇，威慑、震慑。外邦，外国、外敌。

【译文/点评】此言治国与治军不一样，治军要靠勇武果敢才能震慑住外敌，使其不敢蠢蠢欲动；治国则要以诚信取信于民，才能天下太平。

疾风知劲草，板荡识诚臣。

【注释】出自唐·李世民《赐萧瑀》。疾，快、迅猛。劲，刚劲有力。板荡，指代乱世。《诗经》中有《板》、《荡》二篇，皆是反映乱世社会的，故后世常以此二篇指代乱世与社会动荡。诚臣，忠臣。

【译文/点评】此以疾风与劲草的关系为喻，说明了乱世中才能显示出忠臣的本色。前句引自南朝宋·范晔《后汉书·王霸传》，以劲草不怕疾风吹为喻，形象地表达了一个做人的道理：一个人的人格节操只有在最艰难的情况下才能显现出来。其意与俗语"路遥知马力"有相通之处，也与"沧海横流，方显出英雄本色"同义。

祭而丰，不如养之薄也。

【注释】出自宋·欧阳修《泷冈阡表》。也，句末语气助词。薄，菲薄。

【译文/点评】与其死后祭祀丰厚，不如在他生前予以适当的奉养。此言意在强调对待父母要重奉养、轻厚祭，孝敬父母要在其生前。

骄溢之君无忠臣，口慧之人无必信。

【注释】出自汉·刘安《淮南子·缪称训》。溢，过度。口慧，有口才、能说会道。必，一定。

【译文/点评】骄奢淫逸的君主没有忠臣，能说会道、巧舌如簧的人不会有什么人信任他。此言意在强调只有诚实待人、谦虚谨慎才能赢得别人的忠心与信任。

教民亲爱，莫善于孝；教民礼顺，莫善于悌；移风易俗，莫善于乐；安上治民，莫善于礼。

【注释】出自先秦《孝经·广要道》。莫，没有。善于，"比……好"。礼顺，恭敬、顺从。悌（tì），敬重兄长。安上，使上安，即在上位者能安稳。

【译文/点评】教导民众相亲相爱，没有比君王自己亲身行孝更好的了；教导民众恭敬顺从，没有比君王自己敬爱兄长作出榜样更好的了；改变民风民俗，没有比以"乐"感化更有效的了；安居而治民，没有比推行"礼"更能奏效了。这是孔子就君王"行孝"对治国化民的作用所发表的见解。强调的是君王应该躬行孝道，礼敬他人，为天下作出榜样，从而达到移风易俗、安定天下的目标。用今天的话来说，就是领导要以身作则，加强自身道德修养，以自己的高尚品德与清厉德操感化万民。这个思想在今天仍然是有现实意义的。

精诚介然，将贯金石。

【注释】出自唐·柳宗元《祭段弘古文》。精，精心、专诚。介，独特。介然，独特的样子。贯，穿。

【译文/点评】至精至诚，将使金石也为之贯穿。此言心诚的力量。

居处恭，执事敬，与人忠。

【注释】出自先秦《论语·子路》。居处，指个人独居之时，即日常生活。恭，庄重、严肃。执事，处理事务。敬，严格、认真。与人，对待他人、与人相处。忠，忠诚、诚恳。

【译文/点评】日常生活时要庄重严肃，处理事务时要严格认真，与人相处时要忠诚恳切。这是孔子在回答学生樊迟问"仁"时，对"仁"的精神实质所作的阐发。即认为一个做到生活严肃、工作认真、待人诚恳，就是达到了"仁"的境界。其实，这个境界也是为人处世的一个基本原则，今天仍然适用。

居之无倦，行之以忠。

【注释】出自先秦《论语·颜渊》。居，在。之，指官位。无倦，指工作不懈怠。行之，指执行国君之命。以，用。忠，忠诚、忠心。

【译文/点评】为官之人应该在其位，谋其政，勤奋努力；对于君主的指示应该忠诚地予以执行，不打折扣。这是孔子所提出的"为官之道"。对于今天为官从政者，应该说仍然适用。所谓"居之无倦"，用今天的话说，就是要勤政，不要尸位素餐，渎职不作为。"行之以忠"，就是坚决执行国家政策法规与上级命令，不阳奉阴违，搞"上有政策，下有对策"这一套，保证国家政令畅通。

举头自引刀，顾义谁顾形。烈士不忘死，所死在忠贞。

【注释】出自唐·柳宗元《韦道安》。引刀，指抽刀自刎。形，指生命。烈士，指有志坚贞之士。

【译文/点评】此句乃是歌颂不惜牺牲生命以保全忠义的坚贞之士。宣扬的是一种"杀身成仁"的理念。

君君，臣臣，父父，子子。

【注释】出自先秦《论语·颜渊》。前一个君、臣、父、子，皆为名词，后一个皆为动词，即像君、像臣、像父、像子。

【译文/点评】国君应该像国君，臣子应该像臣子，父亲要像父亲，儿子要像儿子。这是孔子在回答齐景公有关治国问题时所发表的见解，其主旨是强调要以周公礼法与宗法制度为依据，摆正君臣、上下之间的关系，要人们各就本位、各依本分，尊卑有序、长幼有序，从而维护封建礼法与统治秩序。这一套今天虽然已经不适用了，但尊重师长、长幼有序，仍然是需要强调的社会行为规范，不然人类何以为人类？

君子贞而不谅。

【注释】出自先秦《论语·卫灵公》。贞，坚定、执着、固守。谅，诚信。不谅，为了诚信而不顾是非。

【译文/点评】君子固守于"道"，但不必不分是非而拘泥于诚信。这是孔子对"道"与"信"的关系的论述。主张讲诚信要以"道"为前提。也就是说，要既讲原则性，又要灵活变通，不可拘泥。这句话是对的，比方说，做人要讲诚信，但对敌人则就不能再讲诚信了，否则就迂且蠢了。

口惠之人鲜信。

【注释】出自汉·韩婴《韩诗外传》卷五。口惠，口头答应给人好处。鲜，少。

【译文/点评】喜欢空口许诺的人，很少是讲诚信的。此言真正的诚实君子是不会轻易许诺的，因为诺言是要兑现的。不能兑现，就不能轻易说出口。孔子说的"君子一言既出，驷马难追"，说的正是此意。

老者安之，朋友信之，少者怀之。

【注释】出自先秦《论语·公冶长》。老者，老年人。安，安定、安乐。之，指示代词。信，信任。少者，年幼者。怀，爱护、照顾。

【译文/点评】使老人安乐地度过晚年，使朋友之间都能互相信任，使年幼者都能得到关爱照顾。这是孔子跟学生所表达的自己的志向，既表现了他一以贯之的政治理想，也体现了他个人崇高的精神境界与人格魅力。

立身行道，扬名于后世，以显父母，孝之终也。

【注释】出自先秦《孝经·开宗明义章》。立身，指生活于世上。道，指儒家所说的真理道义。显，彰显。之，的。终，终极。"……也"，古汉语判断句形式之一，相当于"……是……"。

【译文/点评】立身于世，践行道义，扬美名于后世，以彰显父母之名，这是孝的终极目标。此言做出成就、有益于社会，才是最大的孝道。这话在今天仍然有教育意义。

烈士不欺人。

【注释】出自唐·杜光庭《虬髯客传》。烈士，此指刚正不阿之士或品德端正之人。

【译文/点评】正直高尚之士不欺骗别人。此言意在强调诚信不欺是为人的一个重要标准。

临之以庄则敬，孝慈则忠，举善而教不能则劝。

【注释】出自先秦《论语·为政》。临，统治。之，指人民。以，用。庄，指庄重的态度。则，就。敬，恭敬、敬重、敬畏。孝慈，指孝顺父母、爱护人民。忠，忠诚。举善，举荐提拔贤能之士为官。教，教育。不能，没有能力的人。劝，勉励、受到鼓励。

【译文/点评】当政者以庄重的态度统治人民，那么人民就会对当政者有恭敬之心；当政者自己孝顺父母、爱护人民，做出表率，人民自然对他有忠诚之心；当政者重任贤能方正之士，教育培养能力低下之人，那么老百姓就会受到鼓励，大家就能团结向善。这是孔子回答季康子有关"御民之术"（统治人民的策略）时所发表的政治主张，阐明的是以德治国的为官之道。主张治民应该有尊重民众的态度，要有爱护民众之心，要有为人表率的风范，要有举贤任能的雅量，要有不弃"不能"者的心胸。这一政治主张，如果古今为官者皆能践行之，自然万民拥戴。

马先驯而后求良，人先信而后求能。

【注释】出自汉·刘安《淮南子·说林训》。

【译文/点评】看马要先看它是否驯服，然后再考察它是否有日行千里的能力；用人要先看他是否有诚信，然后再考察他是否有才能。此以求马先求驯为喻，形象地说明了一个用人的道理：一个人才的诚信品质比他的能力更重要，如果没有诚信，他的能力越强，做出的坏事就越多，危害就越大；就像一匹骏马，如果不温驯，跑得越快，就会摔人越重。

梦中许人，觉且不背。

【注释】出自汉·贾谊《新书·匈奴》。许，答应。觉，睡醒。且，尚且、还。背，背弃。

【译文/点评】梦中对人许下的诺言，醒来后还要兑现。此言意在劝统治者治国安邦务必要取信于民。

面誉者不忠，饰貌者不情。

【注释】出自汉·戴德《大戴礼记·文王官人》。面誉者，当面讨好奉承他人的人。饰貌，掩饰真情的人。不情，不是真情，即不诚实。

【译文/点评】当面说好话的人是没有忠信的，掩饰真情的人是没诚信的。此言为人要讲忠、诚，但不能虚情假意、乔装掩饰。有台湾学者说"当面誉人是小人，背后赞人是君子"，说的正是此意。

其为人也孝弟，而好犯上作乱者鲜矣。

【注释】出自先秦《论语·学而》。其，句首语气词。为人，做人。也，句中语气助词。孝，孝敬父母。弟，同"悌"（tì），敬重兄长。鲜（xiǎn），少。矣，句末语气助词。

【译文/点评】做人能孝顺父母、敬爱兄长的，而做出犯上作乱的事来，那是很少见的。这是孔子对提倡"孝"、"悌"意义的认识，也是中国封建社会大力提倡"孝"、"悌"之道的原因所在。因为懂得"孝"、"悌"的人，就比较顺从，自然不会做出过火的行动。如此，封建统治者就高枕无忧了，不怕还有谁会起来造反。在今天看来，孔子这话虽有为封建统治者巩固统治服务之嫌，但也有普遍的积极意义。因为提倡"孝"、"悌"的基本道德与行为规范，在任何社会都是需要的，也是应该的。如果一个人既不懂孝敬父母，也不知敬重兄长，那么他能做出什么事来，实在很难预料。社会要稳定，人类要进步，基本的人伦道德标准还是需要有的。

其行己也恭，其事上也敬，其养民也惠，其使民也义。

【注释】出自先秦《论语·公冶长》。其，指示代词。行己，要求自己。也，句中语气助词，无义。恭，谦恭。事，待奉。上，指君主。敬，恭敬。养，养护、治理。惠，慈爱。使民，役使人民。义，指有情义、入情入理。

【译文/点评】他对人谦恭有礼，侍奉君主态度恭敬庄重，治理人民慈爱温和，役使人民合情有义。这是孔子评价郑国贤大夫子产的话，也是他所提出的"君子之道"的四个标准。历来被封建统治者视作"为政之道"予以推广。

巧诈不如拙诚。

【注释】出自先秦《韩非子·说林上》。

【译文/点评】巧妙的欺诈行为还不如拙笨可笑的诚实之举。此言与俗语所说的"厚道之人有后福"、"聪明反被聪明误"意思相近，意在强调诚实对为人处世的重要性。

去苛礼而务至诚。

【注释】出自宋·苏轼《策略第五》。去，去除。苛礼，苛细的礼节。务，追求。至，最。

【译文/点评】减少繁文缛礼的客套，追求内心的至诚。此言对人有礼不在外表而在内心。我们看《三国演义》中的曹操与袁绍的为人处世的成败，就最能理解这句话。曹操对待人才真诚相见，但态度上却简任自便；而袁绍待人接物喜欢繁文缛节，但却没有真诚任贤的雅量。结果，曹操由劣势变为强势；袁绍则由强势而变为弱势，最终为曹操所灭。

人而无信，不知其可也。大车无輗，小车无軏，其何以行之哉？

【注释】出自先秦《论语·为政》。而，如果。其，他。可，此指怎么样。大车，指牛车。輗（ní），牛车辕端与衡（即车辕前横木）相接的关键（活键）。小车，指马车。軏（yuè），马车车辕前端和车衡相衔接的关键（即木销）。何以，怎么。行，走。哉，疑问语气词，相当于"呢"。

【译文/点评】一个人如果没有诚信，不知他能做出什么来？就像牛车没有輗，就像马车没有軏，如何能够驰骋向前呢？这是孔子以牛车、马车轴承的重要性比喻人有诚信的重要性，形象生动，有力地阐明了诚信对于一个人立身处世的重要性。诚信问题是人类普遍应有的良知，不论是古是今，是中国还是外国，都是一个永恒的话题，也是做人应该具备的基本素质。

人之行，莫大于孝。

【注释】出自先秦《孝经·圣治》。之，的。行，品行。莫，没有。

【译文/点评】人的品行，没有比孝显得更重要了。这是孔子强调"孝"在人的品德修养中的首要地位。今天我们虽然不再把"孝"上升到政治的高度予以强调，但是"孝"作为一个人基本的品行与行为规范，则是任何时代都必须坚守的道德底线。如果一个人连"孝"心皆无，他必如一匹脱缰的野马，能做出什么，也就无法预知了。

若不推之于诚，虽三令五申，而令不明矣。

【注释】出自唐·白居易《策林一》。若，如果。推，推行。之，指法令。虽，即使。申，陈述、说明。矣，句末语气助词。

【译文/点评】如果不以诚心去推行法令，那么即使多次反复陈述，法令也不会为人所明白。此言意在强调统治者发布政令要守之以诚信。

上好信，则民莫敢不用情。

【注释】出自先秦《论语·子路》。则，那么。莫，没有。情，真实的情况。

【译文/点评】统治者喜欢诚实，那么老百姓就没人不说真心话而弄虚作假。此言讲诚信要从统治者自己做起，要以身作则、率先垂范，才能影响民众与社会风气。

身体发肤，受之父母，不敢毁伤，孝之始也。

【注释】出自先秦《孝经·开宗明义》。发，头发。肤，皮肤。之，前"之"，意为"它"，后"之"，意为"的"。也，句末语气助词，帮助判断。

【译文/点评】身体、头发、皮肤，都是父母所传，不敢毁损、伤害，这是孝的开始。这是孔子对于"孝"的观点。虽然强调的是"孝"，但从另一个角度看，则是劝人珍爱生命。今天我们劝人不要轻生，要珍爱生命，常用"蝼蚁尚且偷生"的话，其义一矣。

慎终追远，民德归厚矣。

【注释】出自先秦《论语·学而》。慎终，谨慎地料理好父母的丧事。追远，恭敬地祭祀祖先。民德，民心。归厚，归于忠厚。矣，句末语气助词，相当于"了"。

【译文/点评】谨慎地料理好父母的丧事，恭敬地祭祀祖先，这样就能使民心归于淳厚了。这是孔子的学生曾子的话，其意是强调孝道对统治人民的作用。

生，事之以礼；死，葬之以礼，祭之以礼，可谓孝矣。

【注释】出自先秦《孟子·滕文公上》孟子引曾子之语。事，侍事、服侍。之，指示代词，此指父母。矣，句末语气助词，相当于"了"。

【译文/点评】父母在世时，按"礼"的规定尽心服侍；父母过世了，按"礼"的规定予以发葬，并按时祭祀，这就可以算是孝了。这是孟子引曾子之语。在倡导"孝道"的同时，也强调了"礼"的意义。今天我们虽然不讲这一套封建之"礼",但孝顺父母,尽人子之责,仍是需要坚持的基本人伦与道德规范。

失信不立。

【注释】出自先秦《左传·成公八年》。

【译文/点评】失去信用,便不能处身立世。此言守信的重要性与失信的危害性。

时危见臣节,世乱识忠良。

【注释】出自南朝宋·鲍照《代出自蓟北门行》。

【译文/点评】此言患难危急之时才是考验大臣是否忠于国家与君王的时候。引申之,说明的是这样一个道理:患难见真情、危急知真心。

事父母几谏,见志不从,又敬不违,劳而不怨。

【注释】出自先秦《论语·里仁》。事,侍奉、伺候。几(jī),隐微、不明显。谏,劝谏。见,自己。志,志向、思想、意见。从,听从。劳,劳心,此指担心。

【译文/点评】待奉父母应该委婉地表达自己的意见,如果自己的意见不被采纳,对父母仍然应该敬重有加,不可违背父母的心意,虽焦急担忧,但不埋怨他们。这是孔子所提出的如何孝顺父母、做个孝子的具体要求。虽然在今天看来苛刻了点,但基本精神还是对的。如果为人连父母也不知孝顺,何以立世做事?

受人之托，忠人之事。

【注释】出自明·冯梦龙《警世通言·王娇鸾百年长恨》。

【译文/点评】接受了别人的请托，就要信守诺言，替人完成所托之事。此言承诺之事应该兑现，不可失信于人。

天不崇大，则覆帱不广；地不深厚，则载物不博；人不敦庞，则道数不远。

【注释】出自南朝宋·范晔《后汉书·朱穆传》。崇，高。则，那么。帱（chóu），帐、车帷，引申为覆盖。博，广、大。敦，敦厚。庞，高大、庞大。敦庞，此指诚实敦厚。数，技艺。道数，指学问、技术。

【译文/点评】天不高大，那么就覆盖不广；地不深厚，那么就载物不多；人不诚实敦厚，学问、技术就达不到一定的高度。此以天地博大为喻，说明要想道德高尚、学问技艺高超，就应该诚实做人。用我们今天的话来说，就是治学先做人。

伪诈不可长，空虚不可守，朽木不可雕，情亡不可久。

【注释】出自汉·韩婴《韩诗外传》。亡，没有。

【译文/点评】虚伪奸诈不能长久地欺骗世人，内里空虚的东西不可能坚守，腐朽的木头不能雕刻成器，没有感情的关系不可能维持长久。此以空虚之物、腐朽之木、无情之人作类比，说明虚伪奸诈不能长久的道理，意在劝人恪守诚信做人的基本原则。

无信患作，失援必毙。

【注释】出自先秦《左传·僖公十四年》。患作，祸患起来。必，一定。毙，倒下去、死。

【译文/点评】没有信任必然有祸患降临，失去援助一定被灭亡。此言意在从反面强调信任能够消除祸患、争取援助而立于不败之地的重要性。

务伪不长，盖虚不久。

【注释】出自先秦《韩非子·难一》。务伪，作假。盖虚，掩盖虚假。

【译文/点评】此言作伪弄假不会长久。用今天的话来说，就是假的就是假的，伪装终会剥去。其意是提醒世人应当诚实做人。

小利害信，小怒伤义。

【注释】出自先秦《管子·问》。

【译文/点评】为了小利，就会危害信任；因为小怒，也会伤了忠义。此言意谓信、义是根本，切不可因为小利、小怒而损害之，否则便会得不偿失。

信不足焉，有不信焉。

【注释】出自先秦《老子》第十七章。信（第一个），诚信。足，够。焉，句末语气助词。

【译文/点评】诚信不够，就会产生彼此不信任的事情。此言诚信来不得半点虚假，人与人之间的信任是建立在彼此诚实相待的基础之上的。

信，国之宝也，民之所凭也。

【注释】出自明·冯梦龙《东周列国志》第三十八回。"……也"，古代汉语判断句的一种形式，相当于"……是……"。凭，凭借，此指依靠。

【译文/点评】信任是国家之宝，也是人民的依靠。此言坚守"信"的原则对于治国安邦的重要性。

信以结之，则民不倍。

【注释】出自汉·戴圣《礼记·缁衣》。以，来。结，结交。之，指老百姓。则，那么。倍，通"背"，背叛。

【译文/点评】用诚信来结交天下百姓之心，那么老百姓就不会背叛他。此言治国安邦取信于民的重要性。

行小忠，则大忠之贼也。

【注释】出自先秦《韩非子·十过》。小忠，指效忠于个人。大忠，效忠于国家。"……也"，古代汉语判断句形式之一，相当于"……是……"。之，的。贼，害、大敌。

【译文/点评】小忠是大忠的敌人。此言效忠于个人有碍于尽忠国家，意为忠君与忠国有矛盾，应该尽忠于国。用今天的话来说，就是"国家利益高于一切"。

言必信，行必果。

【注释】出自先秦《论语·子路》。言，说话。必，一定。信，诚信。行，做事。果，果断。

【译文/点评】说话一定要有诚信，做事一定要果决。这是孔子对"士"所提出的最低的要求。"言必信"，就是说话算数。其实这一点不仅是"士"应当做到，也是所有人应有的基本品德。"行必果"，就是做事不要优柔寡断。这一点，对于一般人比较难。但却是一种良好的品格，也是一个人能够处世成功的关键因素之一。若先天不足，后天应当修炼。

言不可食，众不可弭。

【注释】出自先秦《国语·晋语二》。食，此指不算数。弭（mǐ），消除、停止。

【译文/点评】说话不能不算数，否则老百姓的怨恨就难以消除。此言统治者治国安邦务必须信守诺言的重要性。

言之所以为言者，信也；言而不信，何以为言？

【注释】出自先秦《春秋穀梁传·僖公二十二年》。"……者，……也"，古代汉语判断句的一种形式，相当于"……是……"。

【译文/点评】说话之所以算话，那是因为有信任；说了而不守信，那还算什么话呢？此言意在强调说话要算话，要像孔子所说："一言既出，驷马难追。"说过的话，决不食言，必须兑现，付诸行动。这才是君子之所为，这才是"人"的样子。

言忠信，行笃敬，虽蛮貊之邦行矣。

【注释】出自先秦《论语·卫灵公》。言，言语。忠信，忠诚守信任。行，行为。笃，忠厚。虽，即使。蛮貊（mò），即南蛮北狄，指我国古代南方与北方的少数民族。之，的。邦，国。行，通行、行得通。矣，语气助词。

【译文/点评】说话忠诚有信，做事厚道恭敬，就是在落后的部族地区也能畅通无阻。这是孔子所提出的为人处世之道。其主旨是教人说话要真诚有信，做事要忠厚认真。这一做人处事原则，在今天仍然是我们应该坚持的。

掩目而捕燕雀，是自欺也。

【注释】出自明·罗贯中《三国演义》第二回。掩，蒙住。燕雀，即燕子、麻雀，代指鸟。是，这。"……也"，古代汉语判断句形式之一，相当于"……是……"。

【译文/点评】蒙住自己的眼睛而捉鸟，这是自己欺骗自己的行为。此言不以诚信待人而自作聪明是自欺欺人，是愚蠢至极的。其意是强调诚实是最大的智慧。

以恩信接人，不尚诈力。

【注释】出自宋·苏辙《祖逖》。以，用。恩信，恩义、诚信。接，对待。尚，崇尚。

【译文/点评】以恩义、诚信待人，不靠欺骗之力。此言意在强调待人接物应以诚信为原则，反对搞欺诈的小动作。

用心于正，一振而群纲举；用心于诈，百补而千穴败。

【注释】出自宋·苏洵《用间》。正，与后面的"诈"相对，指诚信。振，挥动、抖动。纲，网上的大绳。举，提起来。千穴败，指漏洞百出。

【译文/点评】此言用心诚则一切顺利，就像提起大绳，渔网就提起来一样；用心不诚则漏洞百出，终要被人识破。其意是强调要用心于诚。

有能推至诚之心而加以不息之久，则天地可动，金石可移。

【注释】出自宋·苏辙《三论分别邪正札子》。推，推行。至，最、极。不息，不停、恒久。则，那么。

【译文/点评】能有推行极诚的心，再加以恒久不息的坚持与毅力，那么什么事情都是可以办到的。此以夸张修辞法说明至诚之心加上坚持不懈的毅力，就能做成任何事情的道理。

于人无贤愚，于事无大小，咸推以信，同施以敬。

【注释】出自唐·刘禹锡《名子说》。于，对于。无，无论。咸，都。推，推广、推行。施，实行。

【译文/点评】对于人，无论贤能、愚蠢；对于事，无论是大还是小，都以诚信、敬重之心对待。此言意在强调要将敬、信的原则贯彻到人生的一切方面。

知之曰知之，不知曰不知；内不自以诬，外不自以欺。

【注释】出自先秦《荀子·儒效》。曰，说。之，它。诬，欺。

【译文/点评】对于所知道的东西就说知道，不知道的就说不知道；这样，对内是不欺骗自己的良心，对外是不欺骗他人。此言为人应当诚实的道理。

至诚，则金石为开。

【注释】出自汉·刘歆《西京杂记》卷五。至，最。则，那么。金石，比喻最坚硬之物。

【译文/点评】如果一个人的诚意能达到极点，那么即使是硬如金石之物也能为之感化而融开。

忠臣不畏死，故能立天下之大事；勇士不顾生，故能立天下之大名。

【注释】出自宋·苏轼《东林第一代广慧禅师真赞》。

【译文/点评】此言只有为了道义、国家而置生死于度外的忠勇之士才能做天下之大事、立天下之大名。意谓"忠"、"勇"是最大的力量。

忠信谨慎，此德义之基也。

【注释】出自汉·王符《潜夫论·务本》。之，的。基，基础。"……也"，古代汉语判断句形式之一，相当于"……是……"。

【译文/点评】忠信谨慎，这是德义的基础。此言意在强调"德义"修养中"忠"、"信"、"谨慎"的重要作用。

忠于治世易，忠于浊世难。

【注释】出自先秦·吕不韦《吕氏春秋·仲冬纪·至忠》。治世，指政治清明的社会。浊世，政治不清明的社会。

【译文/点评】在政治清明的社会尽忠比较容易，在政治黑暗的社会尽忠是很难的。此言政治黑暗的社会是非不分、黑白颠倒，忠与奸已经不为人所辨了。

忠足以尽己，恕足以尽物。

【注释】出自宋·王安石《答韩求仁书》。

【译文/点评】有尽忠之心，就可以竭尽全力做好他人所托付之事；有宽恕之心，就能让别人感动而尽其所能。此言"忠"、"恕"之道在为人处世方面的积极意义。

自古皆有死，民无信不立。

【注释】出自先秦《论语·颜渊》。无信，不信任。立，指国家成立、存在。

【译文/点评】自古以来任何国家都有饿死人的事，因此死并不可怕，怕的是一个国家的人民不相信政府。如此，则这个国家就危险了。这是孔子在回答学生子贡有关"食"、"兵"、"信"三者哪一个更重要时所发表的政治见解。孔子认为，对于一个国家，人民有饭吃（即"足食"）、军备充足（即"兵足"）、人民能信任政府（即"民信之"）都很重要，但是如果三者之中迫不得已非要除掉两项，首先是"去兵"（裁撤军队），其次是"去食"（舍弃粮食，即人民的温饱），但是"民信之"这一条不能除。因为人民对政府不信任，这个国家就根本不能成立了。这是将"信"强调到一个最高的程度。今天我们正在强调社会的诚信，孔子的这句话是值得我们好好反思的。

自古驱民在信诚，一言为重百金轻。

【注释】出自宋·王安石《商鞅》。驱民，管理人民。

【译文/点评】此乃通过咏叹战国秦相商鞅为了取信于民而推行新法，以百金让老百姓扛木之事，生动地说明了一个治国安邦的道理：要想令行禁止，要想推行统治者的治国理念，实现统治者的意志，最重要的便是取信于民。

智勇刚毅

百岁无智小儿，小儿有智百岁。

【注释】出自《景德传灯录》卷二十九。

【译文/点评】百岁老人如果没有智慧，那还不及小孩子；小孩子有智慧，那么可以胜过百岁老人。此言"有智不在年高"，年龄与智慧是不成正比关系的。历史上和现实中都曾有许多早慧少年，也证明了这一点。

聪者听于无声，明者见于无形。

【注释】出自汉·班固《汉书·伍被传》引古语。聪，指耳朵灵敏。明，指眼睛好。

【译文/点评】耳灵的人能在无声之中听出声音，眼尖的人能在事物处于细微状态下就能发现。此以眼耳看物听声为喻，说明最聪明的人能防患于未然，观察事物、为人处世要有预见性。

大胆天下去得，小心寸步难行。

【注释】出自明·冯梦龙《警世通言·赵太祖千里送京娘》。

【译文/点评】此以行路为喻，阐明了这样一个做人的道理：人只要有勇气，就能做成大事；过分谨慎怕事，便会一事无成。从历史上看，事实也确是如此。汉高祖刘邦、明太祖朱元璋等许多朝代的开国帝王之所以成功，就是因为他们有一无所有、一无所惧的勇气，敢为天下先，故能成其事。相反，中国历史上也曾有诸如黄巢等文人造反之事，但最终都没成就大业，究其原因就在于他们勇气不足，临事优柔寡断。故而俗语有"秀才造反，十年不成"的话，说的正是这个理。

大将军出战，白日暗榆关。三面黄金甲，单于破胆还。

【注释】出自唐·王昌龄《从军行》。单于，匈奴首领的称谓。

【译文/点评】此写大将军破敌的勇武之慨。"白日暗榆关"（即"榆关白日暗"，突显战斗的激烈之状）、"三面黄金甲"（写大将军的穿着非同一般）、"单于破胆"，都是夸张修辞法，意在突出大将军的威武勇猛。

胡兵十万起妖氛，汉骑三千扫阵云。

【注释】出自唐·骆宾王《荡子从军赋》。胡兵，指入侵的外敌。妖氛，妖气，此指祸乱。

【译文/点评】敌人以十万大军挑起战端，我军以三千勇士冲入敌阵，犹如风卷残云。此写我军的英勇无敌之气概。

卷旗夜劫单于帐，乱斫胡兵缺宝刀。

【注释】出自唐·马戴《出塞词》。卷旗，指卷起旗子，缩小目标，不让敌人发现。单于（chán yú），古代匈奴首领的称呼。斫（zhuó），砍。缺，使缺损。

【译文/点评】此写唐军将士夜袭匈奴大营的勇武行动。

林暗草惊风，将军夜引弓。平明寻白羽，没在石棱中。

【注释】出自唐·卢纶《和张仆射塞下曲六首》之二。引，拉。平明，天亮。白羽，带有白色羽毛的箭。没，沉没、埋没。石棱，坚石。

【译文/点评】此写将军的勇武，以箭头没入石棱中的细节予以突显，给人印象非常深刻。

明者远见于未萌，而智者避危于无形。

【注释】出自汉·司马相如《上书谏猎》。

【译文/点评】明智者在事情还未萌芽时就已预见到，智慧者在危险还未构成时便已避开了。此言能够防患于未然的人才算得上是明智聪慧之人。

莫道无人能报国，红旗行处取凉州。

【注释】出自宋·王珪《闻种谔脂米川大捷》。莫道，不要说。

【译文/点评】此句乃赞颂宋将为国却敌的功绩与勇武豪情。

巧者善度，知者善豫。

【注释】出自汉·刘安《淮南子·说山训》。度，揣测、估计。知，通"智"。豫，预先、预作准备。

【译文/点评】精明乖巧的人善于对不明朗的事态作揣测，而真正有智慧的人则善于预先对事态的发展有清楚的了解。此言智者比巧者更胜一筹。意谓能预见事情发展的结果，并预作准备，防患于未然，才是智者。

轻死以行礼谓之勇，诛暴不避强谓之力。

【注释】出自先秦《晏子春秋·内篇·谏上》。以，因为。谓，叫做。

【译文/点评】因为按礼行事而置生死于度外，这叫做勇；诛罚强暴、扶小济弱，这叫做力。此言出于正义、维护真理的武力行为，才能算是有勇力。

戎马鸣兮金鼓震，壮士激兮忘身命。被光甲兮跨良马，挥长戟兮彀强弩。

【注释】出自汉·崔骃《安封侯诗》。戎马，战马。兮，句中语气助词，相当于"啊"。激，激动、激愤。身命，生命。被（pī），同"披"。光甲，闪着光亮的铠甲。戟（jǐ），古代的一种兵器。彀（gòu），把弓拉满。弩（nǔ），古代的一种用机械发射的强弓。

【译文/点评】战马嘶鸣金鼓震，壮士激愤忘性命，披上金甲跨骏马，挥动长戟拉满弓。此写疆场之上勇士奋不顾身、冲锋陷阵的壮烈场面。

柔亦不茹，刚亦不吐。

【注释】出自先秦《诗经·大雅·烝民》。茹（rú），吃。

【译文/点评】软的也不吃进去，硬的也不会吐出来。此以吃物为喻，说明做人不能欺软怕硬，要有原则性。

少年十五二十时，步行夺得胡马骑。

【注释】出自唐·王维《老将行》。

【译文/点评】此以"用典"（用汉代名将李广被匈奴所虏

后夺胡马而逃归的故事）修辞法，夸说老将少年时代的英勇无畏的气概。以此与老将年老而落魄的境遇形成对比，从而表达为老将抱不平的意旨。

舍得一身剐，敢把皇帝拉下马。

【注释】出自清·曹雪芹《红楼梦》第六十八回。剐（guǎ），中国古代一种极刑，把人体割碎。

【译文/点评】此以舍身而冒犯皇帝为喻，生动形象地阐明了这样一个道理：只要有豁出去的勇气，便什么事都敢做。意谓做大事要有过人的大胆量。

慎在于畏小，智在于治大。

【注释】出自先秦《尉缭子·十二陵》。

【译文/点评】此言对于小事不能马虎，要有防微杜渐的意识；对于大事要从大处着眼，既要有智慧，又要表现出开明的气度。

圣人畏微，而愚人畏明。

【注释】出自先秦《管子·霸言》。

【译文/点评】圣人畏惧处于萌芽状态的祸患，而愚人害怕已经出现的祸患。此言圣哲之人考虑的是长远，重视的是防患于未然。而普通人直到祸患出现了才知害怕。

士以义怒，可与百战。

【注释】出自宋·苏洵《心术》。以，因为。义，正义、道义。

【译文/点评】士一旦因为正义而冲冠一怒，那么可与敌人作百次战斗。此言正义是激发士人勇气的动力，同时强调勇气是百战百胜的法宝。

虽千万人，吾往矣。

【注释】出自先秦《孟子·公孙丑上》孟子引曾子之语。虽，即使。吾，我。往，前进。矣，句末语气助词。

【译文/点评】即使敌方有千军万马，我也会勇往直前。这是曾子的话。表现的是一种为正义事业临危不惧、勇往直前的大无畏献身精神。在中国历史上，这句话不知激励过多少仁人志士为了正义事业而献身。今天仍是人们表决心时常用的一句名言。

万里不惜死，一朝得成功。

【注释】出自唐·高适《塞下曲》。

【译文/点评】万里征伐不畏死，才能有朝一日取得成功。此言勇者无敌、勇者才能成功的道理。

惟克果断，乃罔后艰。

【注释】出自先秦《尚书·周官》。惟，只。克，能。罔，无。艰，艰难、后患。

【译文/点评】只有能够果敢决断，才能消除后患。此言做大事要有魄力，认定正确的事、应该做的事，就坚决地做出来，决不可优柔寡断。否则，便会后患无穷，悔之不及矣。

畏首畏尾，身其余几？

【注释】出自先秦《左传·文公十七年》引古语。

【译文/点评】顾头顾尾，中间还剩余多少？此以动物的本性为喻，说明了这样一个道理：一个人过于谨慎，没有一点豁出去的勇气，那么他将一事无成。意在鼓励人们努力进取、勇往直前。

西出阳关万里行，弯弓走马自忘生。

【注释】出自宋·苏辙《李公麟阳关二绝》。阳关，古代关塞名，在今甘肃敦煌西南。

【译文/点评】此乃赞扬朋友弯弓走马、不畏生死、深入西部边塞保家卫国的英雄气概。

下下人有上上智。

【注释】出自《六祖法宝坛经·行由》。

【译文/点评】此言地位极低的人也会有极其高的智慧。此与"智者千虑，必有一失；愚者知虑，必有一得"的格言有相通之处。意谓不要轻视地位低的人，智慧的高低与地位高低是没有必然联系的。

小时了了，大未必佳。

【注释】出自南朝宋·刘义庆《世语新语·言语》。了了，聪明。佳，好、有出息。

【译文/点评】小时候聪明过人，长大了未必有出息。这是东汉太中大夫陈韪讽刺孔融的话，虽是机辩对锋之语，但其中包含的人生道理也是不容忽视的。人的智商确有高低之别，但是后天的努力更为重要。若是后天不注意教育培养、自己又不努力上进，那么长大了必然无所作为，成为平庸之辈自是正常之事，现实生活中的事例比比皆是。

一灯能除千年暗，一智能灭万年愚。

【注释】出自《六祖法宝坛经》。

【译文/点评】此以灯除暗照明为喻，说明智慧能解除人之愚昧的道理。这是佛家要劝醒世人的话。"千年"、"万年"，都是夸张的说法，意在强调年代的久远。

一人奋死，可以对十，十可以对百，百可以对千，千可以对万，万可以克天下。

【注释】出自先秦《韩非子·初见秦》。奋死，拼命。可，能够。克，战胜。

【译文/点评】此乃阐明战争需靠勇气、士气的道理，与春秋时代曹刿论战所说的"战者，勇气也"、吴子所说的"一人投命，足惧千夫"意思相同。

一人投命，足惧千夫。

【注释】出自先秦《吴子·厉士》。投命，拼命。足惧，足以让……畏惧。千夫，千人。

【译文/点评】一人拼命，千人畏惧，这便是勇气的力量。因此，春秋时代曹刿论战说"战者，勇气也"，说的正是这个意思。战争与打斗，靠的都是血气之勇，自古皆然。

一人之智，不如众人之愚；一目之察，不如众目之明。

【注释】出自唐·马总《意林》引《任子》。

【译文/点评】一个人再有智慧，也不如许多普通人集思广益的计策，这就像一个人眼睛再好，也不如众人眼睛看到的真切。此以比喻修辞法，说明了这样一个道理：能够认真听取别人的意见，能够集思广益，才是真正的智者。

一身能擘两雕弧，虏骑千重只似无。

【注释】出自唐·王维《少年行》。擘（bò），大拇指，引申为用手指把东西分开，此指拉开。雕弧，雕有花纹的弓。虏骑，指胡人骑兵。

【译文/点评】此写少年力大无比、只手开弓、深入敌人重围如入无人之境的英勇气概。"两雕弧"、"虏骑千重"，都是虚写，是夸张修辞法，意在突出少年的勇力形象，给读者以深刻的印象。

一身转战三千里，一剑曾当百万师。

【注释】出自唐·王维《老将行》。

【译文/点评】此写老将当年的英勇无敌的气概。"三千里"、"百万师"，都是虚写，是夸张修辞法，意在突显老将久历沙场的经历与英勇无畏的形象。

一与一，勇者得前。

【注释】出自晋·陈寿《三国志·魏书·张迈传》。一与一，一对人，指势均力敌。得，能够。前，指前进、战胜。

【译文/点评】技术上、力量上势均力敌之后，取胜的关键就是勇气了。此与春秋时代曹刿论战所说的"战者，勇气也"意思相同，皆是强调勇气在搏击中的作用。

一卒毕力，百人不当；万夫致死，可以横行。

【注释】出自南朝宋·范晔《后汉书·张宗传》。卒，士兵。毕力，竭尽全力。当，抵挡。万夫，万人。致，送。致死，指拼命。

【译文/点评】一个士兵竭尽全力拼杀，百人都抵挡不了；万人拼命，那么就可以横行天下无敌手了。此言勇气的力量之大。

勇者不可犯，智者不可乱。

【注释】出自先秦《太公六韬·龙韬·论将》。

【译文/点评】此言勇者有令人不可干犯的气势，智者有临事镇定、从容不迫的气度。事实上，是不是勇士，有没有过人之力，那并不重要，关键是要有一股神圣不可侵犯的气势。有此气势，自然不怒而威；是不是智者，看看他临危处事的气度，便可一目了然。有智慧，自然对事态的发展早有预见，并制订好应对之策，临事就会胸有成竹，就能临危不乱。

勇者不逃死，智者不重困。

【注释】出自南朝宋·范晔《后汉书·寇荣传》。重困，第二次陷入困境。

【译文/点评】此言勇者是不会临难而避死的，智者是不会第二次陷入同样的困境的。意谓勇者为了维护正义真理，早已看淡了生死问题；智者之所以为智者，是因为他善于吸取经验教训而不犯同样的错误。

愚者有备，与知者同功。

【注释】出自汉·刘安《淮南子·人间训》。知，通"智"。

【译文/点评】愚蠢平庸的人做事有准备，能与有智慧的人取得相同的成就。此言凡事预作准备的重要性。

择任而往，知也；知死不辞，勇也。

【注释】出自先秦《左传·昭公二十年》。任，指职任。知（第一个），同"智"。"……也"，古代汉语判断句形式之一，相当于"……是……"。

【译文/点评】选择自己能够胜任的职务就职，这是明智的；知道有危难而不临阵脱逃，这是有勇气的表现。此言量力而行是智者，临危不惧是勇者。

贞刚自有质，玉石乃非坚。

【注释】出自晋·陶渊明《戊申岁六月中遇火》。

【译文/点评】坚贞刚直自有其本性，就是玉石与之相比，也算不得坚硬。此言人的坚贞刚直是其本性，是不能改变的。

知人者智，自知者明。

【注释】出自先秦《老子》第三十三章。

【译文/点评】对别人有深刻了解的，这是有智慧的人；对自己有清楚了解的，这叫明白人。此言知人、知己才是明智之人。其实，"知人"并不难，倒是"知己"、"自知"往往最难。因此，孙子兵法在强调"知己知彼，百战不殆"的战略原则时，就将"知己"置于"知彼"之前，这是有道理的。因为自己身在局内，当局者迷，最难看清自己。俗语"当局者迷，旁观者清"，说的正是此理。至于成语"自知之明"，更是强调这一点，也来源于此。

知、仁、勇，三者天下之达德也。

【注释】出自汉·戴圣《礼记·中庸》。知，通"智"。"者……也"，古代汉语判断句形式之一，相当于"……是……"。之，的。达德，通行的德行。

【译文/点评】智、仁、勇，这三者是天下通行的德行。此言智、仁、勇是君子修身的主要内容。

知者不倍时而弃利，勇士不怯死而灭名。

【注释】出自汉·刘向编《战国策·齐策六》。知，通"智"。倍，通"背"，违背。

【译文/点评】此言智者不会放过良机而获取所想获取的利益，勇士不会因为怕死而错过成名的机遇。意谓智者获利、勇者成名，都要善于抓住机会。

知者不惑，仁者不忧，勇者不惧。

【注释】出自先秦《论语·子罕》。知，通"智"。者，（的）人。惑，困惑。忧，忧愁。惧，怕。

【译文/点评】智慧的人没有困惑，仁爱的人没有忧虑，勇武的人不会胆怯。此言"智"、"仁"、"勇"的三种不同境界，也是孔子对"君子"所作的三个方面的要求。按照孔子的说法，只有同时兼具"智"、"仁"、"勇"三种品德者，才能称为君子。今天我们虽然不讲什么"君子"，但一个人做到这三点，肯定是个高尚的人、了不起的人。因此，这三个方面仍然是我们应该努力的。

知者乐水，仁者乐山。

【注释】出自先秦《论语·雍也》记孔子语。知，通"智"。乐（yào），喜爱。

【译文/点评】智慧的人喜爱水，仁义的人喜欢山。此言山水能陶冶人的情性。

知者虑，义者行，仁者守。

【注释】出自先秦《春秋穀梁传·隐公二年》。知，通"智"。虑，考虑、谋划。行，行动。守，坚守。

【译文/点评】智慧的人用心谋划，讲义的人行动果断，仁爱的人忠于职守。此言三种人不同的行为方式与特点。

志士不忘在沟壑，勇士不忘丧其元。

【注释】出自先秦《孟子·滕文公下》。不忘，不怕。其，他的。元，头、脑袋。

【译文/点评】为了坚持正义，有志之士不怕弃尸沟壑，勇敢之士不怕掉脑袋。这是孟子的名言，曾激励中国历代无数的志士、仁人为坚持正义、追求真理而奋不顾身。

智贵乎早决，勇贵乎必为。

【注释】出自宋·苏轼《代侯公说项羽辞》。贵乎，贵于、可贵处在于。

【译文/点评】有智慧的人贵于早作决断，勇敢的人贵于知道应该做的事就一定去做。此言智者贵于有预见，并早作谋划；勇者贵于当做必做，决不优柔寡断。

智莫大于阙疑，行莫大于无悔。

【注释】出自汉·刘向《说苑·谈丛》。阙疑，存疑，对于不明白的事不忙于下结论。

【译文/点评】最大的智慧是对于有疑问的事情不忙于匆匆下结论，姑且先搁置一下；最明智之举是对所要做的事认真考虑后再付诸行动，做完之后不会后悔。此言最明智的人虑事要周密，处事要周到；不匆忙行事，就不会有后悔之事。

智能决谋，以疾为奇。

【注释】出自北齐·刘昼《刘子·贵速》。疾，快。

【译文/点评】此言有智慧的人能够想出计谋，但还得以快为上。意谓慢慢才想出计谋，那不是真正的智者。

智者不背时而侥幸，明者不违道以干非。

【注释】出自唐·卢照邻《对蜀父老问》。道，指道义。干，求取。非，指非分之事。

【译文/点评】明智的人不违背时机而侥幸求成，也不违背道义而求取非分的愿望。此言善于抓住机遇而又不抛弃道义行事，才是明智者。

智者不必仁，而仁者则必智。

【注释】出自清·蒲松龄《聊斋志异·折狱》。必，一定。

【译文/点评】有智慧的人不一定有仁爱之心，而有仁爱之心者则一定是智者。此言仁者胜于智者，仁义贵于智慧。

智者不危众以举事，仁者不违义而要功。

【注释】出自南朝宋·范晔《后汉书·窦融传》引古语。以，而。举，发动。要（yāo），同"邀"，求取。

【译文/点评】智慧的人不危及众人的生命而发动事变，仁德的人不违背道义而求得成功。此言建功立业要在仁义的前提下进行，不能损害仁义以成就自己的功业。也就是说，做大事、建大功不要违背仁义。

智者千虑，必有一失；愚者千虑，必有一得。

【注释】出自汉·司马迁《史记·淮阴侯列传》。必，一定、必定。

【译文/点评】再有智慧的人考虑得再周到也会有不周之处，再愚蠢的人多作思考也会有独到的心得与出人意料的好主意。意谓有智慧是相对的，不可轻视平常人甚至愚笨之人的智慧，要有宽大的胸怀察纳雅言，集思广益。此语源自《晏子春秋·内篇杂下十八》"圣人千虑，必有一失；愚人千虑，必有一得"。"千虑"、"一得"、"一失"，都是虚指，强调的是"极多"与"极少"之意。

智者有谋，仁者必勇。

【注释】出自唐·杨炯《大周明威将军梁公神道碑》。

【译文/点评】此言有智慧的人必定有谋略，有仁义之心者心存正义，必然勇往直前，一无所惧。

智周则万理自宾，鉴远则物无遗照。

【注释】出自南朝宋·裴松之《上三国志注表》。则，那么、就。宾，顺服、顺从。

【译文/点评】行事考虑周密，那么各种事情的条理都会不理自顺；借鉴历史上有益的经验，那么待人接物、处事处世就不会留下什么遗憾了。此言虑事周到并善于借鉴历史的经验，是治国安邦、为人处世的法宝。

智足以周知，仁足以自爱。

【注释】出自宋·苏轼《贺欧阳少师致仕启》。周，周遍、全部。

【译文/点评】有智慧的人足可以了解一切，有仁义之心者足可以自我节制、自我珍重。此言智、仁的两种不同境界。

爱国报国

白发千茎雪，丹心一寸灰。

【注释】出自唐·杜甫《郑驸马池台喜遇郑广文同饮》。丹心，指报国的赤诚之心。

【译文/点评】"白发"对"丹心"，形式上工整，内涵上将因果关系交代得一清二楚，突出了"白发"的原因是忧国忧民。"千茎雪"指白发，既是比喻，也是夸张，突出了忧国忧民之情的深切；"一寸灰"，指报国无望，大志不伸，以"灰"喻大志之破灭。"一寸"乃是缩小夸张，极言其心灰意冷之情。同时，以"一寸"言之，也是为了与上句"千茎"相对，相形突出上句头发之白的情状，突显诗人忧思之深。

白头惟有赤心存。

【注释】出自唐·杜甫《承闻河北诸道节度使入朝欢喜口号绝句十二首》。惟有，只有。赤心，赤胆忠心。

【译文/点评】中国人自古以来祝愿新婚夫妇都喜欢说"白头偕老"。其实，这话从反面推敲，就是说要一对男女从一而终，坚贞不渝地爱对方一辈子，并不是一件容易的事。婚姻实际还是小事，爱一个具体的人都不那么容易始终如一，终其一生，那么爱一个抽象的国家，要"白头惟有赤心存"，实在是极致的境界。在中国历史上，爱国者成千上万，但晚节不保，中途变节者也不是没有。在古代，在近代，在现代，都是不乏其人。因此，杜甫自述"白头惟有赤心存"，既是他心灵的坦露，也是对天下读书人提出的爱国境界。

保天下者，匹夫之贱，与有责焉耳矣。

【注释】出自清·顾炎武《日知录》卷十三《正始》。匹夫，一个人，泛指普通人。与，参与。焉，于此。耳，语气助词。矣，语气助词。

【译文/点评】人有贵贱贫富，地分东西南北，但国家是天下人的国家，人人有份，有国才有家。因此，对于国家兴亡之事，每个国民都应以主人翁的精神积极参与，绝不可置身局外。今日我们所说"天下兴亡，匹夫有责"，正是据顾炎武之语概括而来。只是它比原话更朗朗上口，诵读之下，便会让人热血沸腾，情不自禁地涌起满腔的爱国之情。

报国行赴难，古来皆共然。

【注释】出自唐·崔颢《赠王威古》。共然，都是这样。

【译文/点评】国家有难，慷慨奔赴战场，义无反顾，理当如此，自古仁人志士皆然。这是诗人崔颢勉励朋友王威古之言，也是对千古以降所有中国读书人的劝勉之语。因此，历来都能引发中国读书人的情感共鸣，激发起他们的爱国热情。

报国之心，死而后已。

【注释】出自宋·苏轼《杭州召还乞郡状》。已，停止。

【译文/点评】此语与诸葛亮"鞠躬尽瘁，死而后已"之语同义，乃是真心报国者应取的态度。

曾因国难披金甲，不为家贫卖宝刀。

【注释】出自宋·曹翰《内宴奉诏作》。国难，国家的危难。金甲，代指非常坚固的盔甲、战袍。为，因为。

【译文/点评】以前因为国难而披甲上阵杀敌，今后也不会因为贫困而卖掉杀敌报国的宝刀。此言什么都可以放弃，杀敌报国之志不灭。表现的是一种忧国不忧贫的崇高爱国情怀。

臣心一片磁针石，不指南方不肯休。

【注释】出自宋·文天祥《扬子江》。磁针石，即指南针。南方，指南宋。

【译文/点评】以磁针石为喻，表明自己人虽被拘于北方元人，但心系南宋，矢志不移。其爱国之志于此可见！

乘骐骥以驰骋兮，来吾导夫先路。

【注释】出自先秦·屈原《楚辞·离骚》。骐骥，骏马、千里马。兮，语气助词，相当于"啊"、"呀"。吾，我。夫，句中语气助词，无义。

【译文/点评】跨上千里马，纵横驰骋往前进；君王莫犹豫，由我开路为先导。这是屈原以千里马自比，希望得到楚王信任重用，为国建功立业的心迹表达。其殷殷报国之心，可谓真挚热切，感人至深。

赤心事上，忧国如家。

【注释】出自唐·韩愈《上李尚书书》。赤心，赤胆忠心。事，侍奉、"为……服务"。上，皇上、君主。

【译文/点评】在中国封建社会的观念中，爱国与忠君是联系在一起的。因为国是君主的家天下，忠君，便是爱国。但是，对于臣子来说，国毕竟只是君王之家，不是他的家，所以要臣下都能爱国如爱家，实在是没几个人能做到。正因为如此，韩愈才提出爱国的标准"忧国如家"。这是看到了人性的本质。

惆怅软红佳丽地，黄沙如雨扑征鞍。

【注释】出自宋·范成大《市街》。软红佳丽地，指歌舞繁华之地。征鞍，远行人的马。

【译文/点评】此写昔日繁华无比的北宋都城汴梁如今的现状（黄沙如雨），表达的是对大宋昔日辉煌的忆念与对今日南宋沦落不振的悲叹之情。

出不入兮往不反，平原忽兮路超远。

【注释】出自先秦·屈原《楚辞·九歌·国殇》。兮，语气助词，相当于"啊"、"呀"。反，同"返"。忽，远。

【译文/点评】既已出征上战场，为卫国家不拟还；平原广阔乡关远，此去战场路漫漫。这是写将士出征前抱定为国捐躯、一去不复返的必死决心，让人肃然起敬。

楚虽三户能亡秦，岂有堂堂中国空无人。

【注释】出自宋·陆游《金错刀行》。"楚虽三户能亡秦"，典出于《史记·项羽本纪》："楚虽三户，亡秦必楚。"乃为战国时楚国民谣，表达了楚国人对秦人灭楚的仇恨之意与复国的决心。中国，此指宋朝。

【译文/点评】"楚虽三户能亡秦"，以"用典"修辞法，用历史的事实论证了只要坚定信心、抗金终必成功的信念；"岂有堂堂中国空无人"，运用"设问"修辞法，以强烈而不庸置疑的口气强调了抗金复国之士不乏其人。以此，鼓励南宋统治者不要丧失斗志，鼓励国人抗战到底，直到灭金，光复故国而后止。

纯信之士，骨鲠之臣，忧国如家。

【注释】出自唐·韩愈《论今年权停选举状》。纯信，纯正信实；鲠（gěng），鱼骨。骨鲠之臣，比喻正直、刚正不阿之臣。

【译文/点评】真正纯信之士，刚正不阿之臣，绝不会阿谀逢迎君主，报喜不报忧，他爱国一定如爱家，一定让君王知道家底，好预作准备，防患于未然，以保天下安定，四海升平。"忧国如家"，乍听平常，实是一种极致的境界。天下之人，无论好坏，都会爱家。但是，即使是好人，爱国也未必有爱家那样深切。因为国是天下人之国，家则是一己之所有。因此，韩愈所提"忧国如家"，实在是一个爱国的最高标准与最高境界。

春愁难遣强看山，往事惊心泪欲潸。四百万人同一哭，去年今日割台湾。

【注释】出自清·丘逢甲《春愁》。遣，排除、消除。强，勉强。潸（shān），即潸然，流泪的样子。四百万人，指当时台湾人口为四百万。去年今日，指光绪二十一年（1895）4月17日，清政府全权代表李鸿章与日本首相伊藤博文在日本马关（即下关）春帆楼签订《马关条约》，将台湾割让给日本的这一天。

【译文/点评】此写诗人为祖国宝岛被割让、台湾人民被日本人残酷蹂躏而痛心疾首的悲哀之情。春天看山，本是一件赏心悦目的快事。但是，而今青山依旧在，青山的主人却换了人。这如何不让诗人触景生情，由山而及事，想到当年割台之日台湾四百万人民失声痛哭的那一幕？

寸寸山河寸寸金。

【注释】出自清·黄遵宪《赠梁任公同年》。

【译文/点评】此句化自金人左企弓诗句"一寸山河一寸金"。但与原句比，由于连用"寸"字四次，其强调山河国土的珍贵之意更重。在清末那种特定的情势下，尤其发人深省，能唤起国人保卫中国每一寸领土的强烈责任心。

带长剑兮挟秦弓，首身离兮心不惩。

【注释】出自先秦·屈原《楚辞·九歌·国殇》。兮，语气助词，相当于"啊"、"呀"。秦弓，秦国产的弓，秦以产良弓著称，此以秦弓代指良弓。惩，悔恨。

【译文/点评】带长剑，挟良弓，保国家，卫人民，身首异处无怨悔。这是写将士出征前的心理活动，其慷慨赴死的决心与对国家的热爱之情油然可见。

丹心终不改，白发为谁新。

【注释】出自唐·胡皓《和宋之问寒食题临江驿》。丹，红色。丹心，赤诚之心。

【译文/点评】宋之问在武则天与唐中宗时代颇是得宠，

但睿宗即位后即遭贬谪，流放钦州。诗人胡皓相信宋之问虽遭流放，但他的报国之心是毋庸置疑的，认为宋之问的新生白发不是为自己的忧愁而生，而是为忧国忧民而生，他的赤诚报国的忠心是不会改变的。这两句诗虽是宽慰宋之问之言，但也是激励千千万万中国封建士大夫忠心报国的励志之言。"丹心"对"白发"，形式上对仗工整，内涵上互为因果。因为有报国之"丹心"，方才有忧国忧民之"白发"。

但使龙城飞将在，不教胡马度阴山。

【注释】出自唐·王昌龄《出塞二首》其一。龙城，有两种解释，一指匈奴祭天处，在今蒙古境内；一指卢龙城，为汉代右北平郡所在地，即今河北省喜峰口一带。飞将，本指汉代大将李广，这里泛指能镇守边关的将领。阴山，在今内蒙古境内。

【译文/点评】此二句以"用典"修辞法，真挚地表达了渴望李广再世、边关永宁之情。虽然有忧虑色彩，但不失雄浑之气，读来让人顿生热血报国的豪迈之情。

独上高楼望帝京，鸟飞犹是半年程。

【注释】出自唐·李德裕《登崖州城作》。帝京，唐都长安。半年程，极言路程之远。

【译文/点评】此写身处江湖之远，念君忧君之情难忘。

发为胡笳吹成雪，心因烽火炼成丹。

【注释】出自明·王越《断句》。胡笳，古代北方少数民族的一种吹奏乐器。烽火，古代边境用以报告敌情的烟火。

丹，丹砂、红色。

【译文/点评】此写戍守边疆的士兵思念故乡之苦情与保卫国家的赤诚之心。前句以雪比头发之白，突出强调了士兵闻胡笳之声而涌起的思乡之情的深切。后句以丹砂比士兵对国家的赤诚之心，强调士兵的这颗赤诚之心是由边境的烽火炼红的，其意是突出士兵对国家安全强烈的责任心。

风尘三尺剑，社稷一戎衣。

【注释】出自唐·杜甫《再经昭陵》。风尘，比喻纷乱的社会或漂泊江湖的境况。社稷，国家。戎衣，戎装、战袍，此以戎衣代指着戎衣之人，即战士。

【译文/点评】虽身处江湖，但报国之心不泯，时刻想着提起手中三尺之剑，奔赴疆场，做保卫国家社稷的一名战士。"风尘"对"社稷"，一显地位之低，一显目标之大；"三尺剑"对"一戎衣"，以"剑"、"衣"为数量词组的中心词，突出报国者的战士身份。两句对仗工整，韵律和谐，朗朗上口，一诵之下便让人热血沸腾，顿起满腔报国豪情。

风景不殊，正自有山河之异。

【注释】出自南朝宋·刘义庆《世说新语·言语》。殊，差异、不同。

【译文/点评】风景依旧，但望之则有山河易色之感。此乃东晋周伯仁与众人相聚新亭，触景生情，想到中原沦陷而发的沉痛感叹。

风声、雨声、读书声，声声入耳；家事、国家、天下事，事事关心。

【注释】出自明·顾宪成为无锡东林书院所题联语。

【译文/点评】顾宪成等东林党人虽被奸臣魏忠贤党羽排挤出"庙堂"之外，但是他们处"江湖"之远，仍不忘国家之忧，聚众讲学，议论朝政，表现出了中国传统士大夫心系国家、以天下为己任的阔大胸怀。因此，这副表明东林党人心怀的联语，数百年来一直被中国知识分子视作立世做事、为学做人的座右铭。

伏波惟愿裹尸还，定远何须生入关。

【注释】出自唐·李益《塞下曲》。伏波，指后汉伏波将军马援。汉·班固等《东观汉记·马援传》记马援语曰："男儿要当死于边野，以马革裹尸还葬耳，何能卧床上，在儿女子手中邪？"定远，指后汉定远侯班超。《后汉书·班超传》记班超久在西域，前后达三十一年。晚年思乡情切，曾上书汉和帝曰："臣不敢望到酒泉郡，但愿生入玉门关。"班超于汉和帝永元十四年（102）回到洛阳，不久即病死。

【译文/点评】后汉名将班超本是一个弱不禁风的书生，投笔从戎后，在西域前后达三十一年之久，为保卫祖国的西北边疆立下了不朽的功绩，直到临死前才回到了京都洛阳。如此将一生奉献给国家的人，本来已是非常难得了。但是，诗人觉得定远侯班超没必要活着进入玉门关，死在洛阳，像他的前辈、东汉初年伏波将军马援"马革裹尸还"的结局更好。此二句，诗人将马援与班超两位汉代英雄奋不顾身、献身国家的事迹及精神境界作对比，意在强调"战士当死于战场"的理念，勉励唐代的将士们誓死保卫祖国的西北边疆。此与西方之谚，"战士当战死沙场，教师当终于教席"，其意同矣。

感时思报国，拔剑起蒿莱。

【注释】出自唐·陈子昂《感遇诗三十八首》。感时，感慨时事。蒿（hāo），香蒿，又叫"青蒿"，二年生草本植物。莱，藜，一年生草本植物。蒿莱，指草野，喻指位居民间。

【译文/点评】虽然不处"庙堂之高"，而在"江湖之远"，只是厕身于民间的一介草野之民，但是每每感慨时事，为国家而忧，就会热血沸腾，拔剑而起。这种书生报国之情，正是中华民族生生不息、振作有为的源泉所在。与后来宋人陆游"位卑未敢忘忧国"之语同义，都是激发中华儿女爱国热情的名言。

苟利于国，知无不为。

【注释】出自唐·韩愈《为裴相公让官表》。苟，如果。

【译文/点评】如果是有利于国家的事，知道了就没有不能做的。此言对国家有益的事，认识到了，就应该去做。

孤臣霜发三千丈，每岁烟花一万重。

【注释】出自宋·陈与义《伤春》。孤臣，诗人自称。霜发，头发白如霜。烟花，指春天艳丽的景物。

【译文/点评】此诗写于南宋建炎四年（1130）。这年正月，金兵破明州（今浙江宁波）后，从海路追击宋高宗。未及，高宗泛海逃到温州。诗人闻此消息，乃作此诗。"孤臣霜发三千丈，每岁烟花一万重"二句，正是在此背景下写忧国忧君之情的。"孤臣"，是指君王蒙尘，性命难保，自己孤苦无依；"霜发"，以比喻修辞法极写忧国忧君之情。"三千丈"，与下句"一万重"，皆是"夸张"修辞法，一写忧愁之重，一写春风之美，于对比中突出诗人面对美景益发伤感的心情，从而强调了其忧国忧君的深情。唐代诗人杜甫有《伤春》诗五首，其中有"关塞三千里，烟花一万重"，写唐代宗时吐蕃攻陷长安后诗人的忧国忧君之情。陈与义上面二句正是化自杜甫之句。但因为情景、心情皆一致，非常自然贴切，毫无"为赋新词强说愁"的矫情之感，读之不禁让人感动，更让人感叹。

关山万里残宵梦，犹听江东战鼓声。

【注释】出自清·林则徐《次韵答陈子茂德培》。江东，此指江南。

【译文/点评】此写诗人在"虎门销烟"后被清廷发配到新疆后身在万里边疆、心系江南抗英战争的爱国之情。

国仇亮不塞，甘心思丧元。抚剑西南望，思欲赴太山。

【注释】出自三国魏·曹植《杂诗七首》其六。国仇，指魏国与吴、蜀两国之仇。亮，确实。塞，杜绝。国仇亮不塞，指吴、蜀时有犯境之扰。丧元，丧失脑袋。抚剑，按剑。西南望，指望着蜀国。赴太山，即赴死。

【译文/点评】此写诗人思欲灭吴亡蜀以报国的拳拳之情。

国仇未报壮士老，匣中宝剑夜有声。

【注释】出自宋·陆游《长歌行》。

【译文/点评】恨有千千万，但人生最大的恨莫过于亡国之恨。金人攻陷宋朝故都汴京，宋朝痛失中原故土，对于任何一个有良知的人，都会切齿痛恨，思欲报之。诗人一生以恢复中原为志，但由于南宋统治者苟且偷安，不思进取，故诗人此志终其一生也无法实现。"国仇未报壮士老"，正是诗人大志难伸的悲叹之语。尽管感于现实，诗人无可奈何，一次又一次地失望。但他并不因此而放弃自己的理想。"匣中宝剑夜有声"一句，以侧笔写宝剑，暗衬诗人梦中犹在重燃誓报国仇的希望之火。其英雄迟暮、壮心不已、报国之志不泯的爱国情怀，跃然于纸上。

裹尸马革英雄事，纵死终令汗竹香。

【注释】出自明·张家玉《军中夜感》。裹尸马革，即"马革裹尸"，东汉马援语，意指战死沙场。纵，即使、纵然。令，使。汗竹，即汗青，代指史册。古代用竹简刻字，然后烘烤竹简使出水分，便于保存。

【译文/点评】此言战死沙场便是英雄，虽死犹生，青史留名。意在表达誓死报国的决心。

何处望神州？满眼风光北固楼。

【注释】出自宋·辛弃疾《南乡子·登京口北固亭有怀》。神州，中国，此指中原。北固楼，又名北顾亭，在今江苏镇江市东北北固山上，北面长江。

【译文/点评】力主抗金、恢复中原故土，是辛弃疾矢志一生的志向，然而怎么样呢？"何处望神州？满眼风光北固楼"，以"设问"修辞法，在自问自答中给出了答案：无望。

京口在历史上曾是英雄用武之地，而今却成了宋金对垒的战略防线。登临北固楼，而今能看到的是什么呢？除了北固楼周遭的"满眼风光"，还有什么呢？什么也没有。失去中原故土不仅遥遥不可及，而且连望也望不到。这是何等的悲痛呢？读者自可回味之。

胡尘未尽不为家。

【注释】出自唐·韩翃《送刘将军》。胡，本指中国古代西北或北方少数民族，后泛指外国。胡尘，指北方外来入侵者所引发的战乱。不为家，不成家。

【译文/点评】国难当头，有志男儿，自当先国后家。故汉代名将霍去病有"匈奴不灭，无以家为"的名言。"胡尘未尽不为家"一句，与霍去病之语同义。自古以来，读来便让有志男儿热血沸腾，顿起杀敌建功之心。

黄沙百战穿金甲，不斩楼兰终不还。

【注释】出自唐·王昌龄《从军行七首》。楼兰，汉代时西北地区的一个国家，此代指唐代西北劲敌。

【译文/点评】此写戍守西北边疆的艰苦情状与将士们誓死保家卫国的决心。前句七字内涵极其丰富，概括力也极强。"黄沙"，点出西北边疆艰苦的生活环境。"百战"，暗示出战争之频繁。"穿金甲"，既可以理解为写将士守边时间之久（连坚固的金甲也被黄沙磨穿），也可以理解为战争的残酷（连金甲也被刺穿）。后句用"楼兰"借代西北之敌突厥与吐蕃，不仅让人联想到西汉楼兰国的强大，让人思接千古，而且也由此强调了自古以来守卫西北边塞的不易。由此，让人为将士们在如此艰难的情况下还有"不斩楼兰终不还"的雄心而深切感动。

几处吹笳明月夜，何人倚剑白云天。

【注释】出自唐·李益《过五原胡儿饮马泉》（又题作《盐州过胡儿饮马泉》、《盐州过五原至饮马泉》）。笳，即胡笳，汉时流行于塞北与西域一带的管乐器。

【译文/点评】此二句写边关月夜闻胡笳声而起的忧边之情。"几处吹笳明月夜"，以"吹笳"与"明月夜"配合，突出了边关的悲凉气氛；"何人倚剑白云天"，以"倚剑"、"白云天"并举，表现的是边防依然吃紧的忧患意识。"倚剑"，是写战士警惕的形象；"白云天"，是写草原空阔的背景，暗示这里与胡人有关。"几处"与"何人"，都表示不定概念，强调的是边关需要固守的忧患。

冀以尘雾之微补益山海，荧烛末光增辉日月。

【注释】出自晋·陈寿《三国志·魏书·陈思王传》。冀，希望。尘雾之微，代指极小的尘土与水滴。荧烛之末，代指极微弱的光亮。

【译文/点评】希望以微小的水土为山海增高增广，以微弱的光亮为日月增添光明。此以尘雾补益山海、荧烛增辉日月为喻，表达希望以自己之力报效国家的殷殷爱国之情。

剑外忽传收蓟北，初闻涕泪满衣裳。

【注释】出自唐·杜甫《闻官军收河南河北》。剑外，指剑阁以南，代指蜀地。蓟北，指今河北省北部地区，即当时安禄山、史思明叛军的根据地范阳一带。

【译文/点评】"男儿有泪不轻弹",这是中国的古训。既然"涕泪满衣裳",那一定是真到了万分动情之时。那么,何事让诗人如此动情呢?原来是"剑外忽听收蓟北",扰乱大唐盛世,让山河破碎、生灵涂炭的"安史之乱",现在终于到了要平定的时候了。"忽传",写捷报来得太突然;"初闻",写闻听消息的一刹那。"初闻"紧承"忽传",再以"涕泪满衣裳"随之,诗人期盼动乱结束、国家太平的欣喜之情跃然纸上,其爱国之情不宣而出。

江汉思归客,乾坤一腐儒。

【注释】出自唐·杜甫《江汉》。腐儒,迂腐的读书人。

【译文/点评】此言自己虽是不名一文的腐儒,身在江汉而归乡无期,但却心系天下,心忧社稷。"乾坤"与"腐儒",一自负,一自卑,同时集于一句之中,尤能于矛盾中见出诗人以天下为己任、先天下之忧而忧的阔大胸怀。因此,清人黄生《杜诗说》评价说:"身在草野,心忧社稷,乾坤之内,此腐儒能有几人?"

僵卧孤村不自哀,尚思为国戍轮台。

【注释】出自宋·陆游《十一月四日风雨大作二首》其二。尚,还。戍(shù),戍守、防守、驻守。轮台,古地名,亦为国名。汉武帝时,轮台国为李广利所灭,置使者校尉,屯田于此,在今新疆轮台东南。这里借指宋代北方边疆。

【译文/点评】此诗句是诗人遭弹劾罢官归山阴(今浙江绍兴)乡间,冬日卧病在床时,闻风雨大作,感慨而作。"僵卧"，言病体沉重，床上辗转反侧已是不便了；"孤村"，既是写环境，也是写心境，突出处境之艰难、心情之郁闷；但是"不自哀"三字紧承"僵卧孤村"而下，则突出了诗人处逆境而壮心不泯的崇高精神境界。不仅壮心不已，而且"尚思为国戍轮台"，为恢复中原失地而杀敌，为国驻守最艰苦的边疆。要知道，此时诗人已是六十八岁的高龄，又蒙受不白之冤而放逐归乡，这又是何等崇高的精神境界呢！

镜里朱颜都变尽，只有丹心难灭。

【注释】出自宋·文天祥《酹江月·和》。朱颜，脸面红润，指年轻的容貌。丹心，赤诚之心。

【译文/点评】此诗写于宋祥兴二年（1279），作者在广东五坡岭被俘后，被押送往燕京途中所作。战败被俘，中兴国家大计破灭，自是悲痛万分，岂有不"朱颜都变尽"。但是，即使是被押送往元人大营途中，作者仍未改对南宋的一片忠心，"只有丹心未灭"便是自明心迹的爱国宣言。

居庙堂之高，则忧其民；处江湖之远，则忧其君。

【注释】出自宋·范仲淹《岳阳楼记》。庙堂，指朝廷。居庙堂，指在朝廷做官。则，就。其，他的。江湖，指民间。处江湖，指做平民百姓。

【译文/点评】在朝廷为官，身在权力的巅峰，就忧虑天下百姓的温饱；辞官为民，处于遥远的山林，就忧虑起国君的安危。此乃作者自道心曲之语，表现了一个有责任感的封建士大夫做官忧民、辞官忧君的思想痛苦及崇高的精神境界。故此，它一直成为中国封建时代士大夫与读书人立身处世的座右铭，激励着一代又一代有志之士心系国家、舍身报国。

鞠躬尽力，死而后已。

【注释】出自三国蜀·诸葛亮《后出师表》。鞠躬，弯身行礼，这里指小心谨慎的样子。已，停止。

【译文/点评】为了国家而处事谨慎，如履薄冰，兑尽心力，努力到生命的最后一刻，虽是诸葛亮出征前向后主刘禅所表现的忠心，但也是他一生尽忠职守的真实写照。由此，"鞠躬尽力，死而后已"一语便成了千古以降无数忠臣义士赤心报国的座右铭。

捐躯赴国难，视死忽如归。

【注释】出自三国魏·曹植《白马篇》。捐躯，舍弃生命。赴，奔赴、投入。忽，轻。归，回家。

【译文/点评】国家有难，挺身而出，勇赴沙场，不畏生命之忧，视死亡如同回家一样从容，这是何等的豪迈！因此，每当中国历史上有国难当头之时，无数的读书人都会被曹植此诗激励着走上战场。今日我们还在说的"为国捐躯"、"勇赴国难"、"视死如归"三个成语，皆是由此二句诗而来。

君子虽在他乡，不忘父母之国。

【注释】出自明·冯梦龙《东周列国志》第四十三回。父母之国，即祖国、故国。

【译文/点评】连自己的父母之邦也忘了，自然称不上是"君子"。因此，"不忘祖国，乃是君子"乃是一个正直之人最起码的操守。

夔府孤城落日斜，每依北斗望京华。

【注释】出自唐·杜甫《秋兴八首》其二。夔府，即夔州。唐太宗贞观十四年，夔州曾设都督府，故称夔府。京华，指京师长安。

【译文/点评】持续八年的"安史之乱"刚刚结束，吐蕃、回纥之兵又乘虚而入，再加藩镇割据势力已成，战乱时时有之。此时的诗人独居夔府，往日可以依靠的友人严武又已故去，看着孤城落日，诗人不禁倍感孤独凄凉。于是，不能寐的夜晚，遥望夔府正北的京师长安，不禁又担心起君王。"孤城落日斜"、"依北斗望京华"，以写景、写行动，凸显诗人自己在孤苦之中不忘其君、不忘忧国忧民的心情，令人浮想联翩，感动不已。

枥上骅骝嘶鼓角，门前老将识风云。

【注释】出自唐·耿沣《上将行》。枥，马槽。骅骝，传说中的周穆王八骏之一，此指名马、千里马。嘶，马叫。

【译文/点评】拴在马槽上千里马听到鼓角之声就嘶叫不已，老将站在门前仰望祖国边关的天空，就知道战争的风云已起。此写老将志在千里、老而不忘报国的壮志雄心。

利于国者爱之，害于国者恶之。

【注释】出自先秦《晏子春秋·内篇谏上七》。之，它，指示代词。害，有害。恶，憎恨。

【译文/点评】凡是有利于国家的人或事，我们就爱之；凡是有害于国家的人或事，我们就恨之。这种以国家利益为依归的爱国理念，立场坚定，态度鲜明，无论何时都应视为爱国的唯一标准。

了却君王天下事，赢得生前身后名，可怜白发生。

【注释】出自宋·辛弃疾《破阵子》。

【译文/点评】此言自己本有替朝廷出力，恢复大宋中原故土，杀敌立功，名留青史的心愿，可惜无人知晓此心，更没有机会一展文韬武略，以尽酬平生之志。眼前所见，只有白发生鬓的老境。既表达了满腔的爱国热情，也透露了壮志难酬的深切悲哀。

路漫漫其修远兮，吾将上下而求索。

【注释】出自先秦·屈原《楚辞·离骚》。漫漫，远的样子。其，句中语气词，无义。修，长。兮，语气助词，相当于"啊"、"呀"。求索，求，求取。

【译文/点评】路途漫漫征程远，我将努力探寻之。这是屈原以行路为喻，表达自己为了探索救国救民的真理而不懈努力的决心。其所体现出的崇高精神境界，一直激励着中国历代无数志士仁人。

满地芦花和我老，旧家燕子傍谁归。

【注释】出自宋·文天祥《金陵驿》。

【译文/点评】此乃诗人被元人掳往北方经过金陵（今南京）时所写下的诗句。前句言自己满头白发就像满地的芦花，后句言流离失所的人民就像毁巢的燕子无家可归，表现的是忧国忧民的深切情怀。

每愤胡兵入，常为汉国羞。

【注释】出自唐·陈子昂《感遇诗三十八首》。每，每当。胡，本指古代中国西北部少数民族，后泛指外国。汉国，即中国。

【译文/点评】在冷兵器时代，马背上的民族如匈奴、鲜卑等相对于汉人政权来说有武力上的优势。因此，汉人政权往往会受到来自西北部或北部少数民族的侵袭。正因为如此，汉族士大士常常有一种堂堂大中华而为"胡人"欺凌的羞辱感。"每愤胡兵入，常为汉国羞"正是说出了中国古代汉族士大夫的这种心声，故而此诗句常能激起汉族士大夫强烈的民族自尊心与爱国之情。

徘徊望神州，沉叹英雄寡。

【注释】出自宋·姜夔《昔游诗》。神州，此指被金人占领的中原地区。

【译文/点评】此言遥望中原而感叹南宋没有能恢复中原故土的志士。

剖心非痛，亡殷为痛。

【注释】出自唐·李白《比干碑》。剖心，用殷商忠臣比干劝谏无道之君纣王，而被其剖心之典。

【译文/点评】剖心岂能不痛？只是相比亡国之痛，实在是算不了什么。这是何等深刻的反思！何等深厚的爱国爱君之情！李白这里是借说比干之事，而表白自己忧国忧民之心。

岂曰无衣？与子同袍。

【注释】出自先秦《诗经·秦风·无衣》。曰，说。子，您。

【译文/点评】谁说出征无衣裳，与您同穿那战袍。这是描写秦国士兵同甘共苦、共赴国难的英雄气概，由此也可清楚地了解到秦国之所以能够最终崛起强大的原因。

千年史册耻无名，一片丹心报天子。

【注释】出自宋·陆游《金错刀行》。耻无名，以无名为耻。丹心，赤诚之心。

【译文/点评】一个人要想青史留名，彪炳千古，那么就得对国家作出特别的贡献。身处有亡国之恨的南宋，若想对国家有特别的贡献，那无疑就是上阵杀敌，恢复中原故土。如果仅是为了青史留名而思上阵杀敌，建功立业，那只是汲汲于名利之徒。虽然客观上有益于国家，但精神境界并不十分崇高。那么，诗人"千年史册耻无名"又是为何呢？"一片丹心报天子"一句给出了清楚的答案：他是出于爱国。这就提升了诗人"耻无名"的境界，让人感动。

青云衣兮白霓裳，举长矢兮射天狼。

【注释】出自先秦·屈原《楚辞·九歌·东君》。青云衣，以青云为衣。兮，语气助词，相当于"啊"、"呀"。霓（ní），副虹，雨后天空中与虹同时出现的彩色圆弧。白霓裳，以霓为下衣。矢，箭。天狼，星名，旧说主侵略的恶星，此喻指虎狼一般的秦国。

【译文/点评】青云作衣霓作裳，弯弓搭箭射天狼。这是屈原所表达的灭秦辅楚的报国壮志，气势豪迈，读之让人热血沸腾。宋人苏轼的名句"会挽雕弓如满月，西北望，射天狼"（《江城子·密州出猎》），当化自于此。

人谁不死？死国，忠义之大者。

【注释】出自晋·陈寿《三国志·魏书·杨阜传》裴松之注引皇甫谧《列女传》。死国，为国而死。

【译文/点评】林中没有不朽树，世上没有不死人。汉人司马迁有名言说："人固有一死，或重于泰山，或轻于鸿毛。"死是难免，但死的价值则有所不同。为国家利益而死，为行义成仁而死，之所以称为最大的"忠义"，是因为它有益于国家与人民。宋人文天祥有诗句曰："人生自古谁无死，留取丹心照汗青"，与此语同义。

人生富贵岂有极？男儿要在能死国。

【注释】出自明·李梦阳《奉送大司马刘公归东山草堂歌》。极，尽头、极点。死国，为国而死。

【译文/点评】此语虽是劝慰朋友之言，但也由此提出了一种人生价值观：为人不应只追求个人的荣华富贵，那样是没有尽头的；是好男儿，就应志在报国；是国士，就应志在为国捐躯、效死于沙场。这种爱国观与价值观，应该说放在任何时代都不过时。而且也只有操持这种人生观的人越多，国家才更有希望。

日月双悬于氏墓，乾坤半壁岳家祠。惭将赤手分三席，敢为丹心借一枝。

【注释】出自清·张煌言《甲辰八月辞故里二首》之一。于氏，指明代兵部尚书于谦，曾于"土木之变"后拥立景帝，调集重兵击退了入侵的瓦剌军队，使明政权转危为安。岳家祠，指南宋抗金英雄岳飞的祠堂。分三席，意指自己与于谦、岳飞平分秋色，各占一席之意。

【译文/点评】此言虽然不敢与明代民族英雄于谦与宋代抗金将领岳飞平分秋色，也在抵御外敌入侵、保家卫国的战争中立下战功、在历史上写下一页，但愿借他们坟头的一根树枝表达自己忠君报国、抵御满洲统治者而恢复明朝的赤胆忠心。

三十功名尘与土，八千里路云和月。

【注释】出自宋·岳飞《满江红》词。三十，指三十岁的年纪。功名，指勋业。八千里，是指南征北战的路程，非实指，是夸其路途之远。

【译文/点评】此言自己已经年至三十，虽然披星戴月，转战南北，奔波八千里，打了一些胜仗，但是与收复旧山河、驱逐金人的目标还有很远距离，这点功劳算得了什么呢？其对国家深切的爱、报国的急切之情尽在不言中。前句所表明的淡泊名利的意思与后句明月、浮云的形象，正好吻合，从而鲜明地表现了词人心中只有国家而无个人名利的思想境界。

谁怜爱国千行泪，说到胡尘意不平。

【注释】出自清·梁启超《读陆放翁集》。胡尘，指异族入侵者的入侵。

【译文/点评】此句虽是作者感慨宋人陆游终其一生也未见宋朝北伐成功、恢复中原的一天，只得空流"爱国千行泪"，其实何尝不是借此感慨自己身处大清王朝摇摇欲坠、外国列强对中国虎视眈眈、蚕食鲸吞的现实。"说到胡尘意不平"，何尝只是指陆游，而不是自己呢？

身既死兮神以灵，子魂魄兮为鬼雄。

【注释】出自先秦·屈原《楚辞·九歌·国殇》。既，已经。兮，语气助词，相当于"啊"、"呀"。以，而。子，您。鬼雄，鬼中豪杰。

【译文/点评】为国捐躯成神灵，您是鬼中之豪雄。这是歌颂为国捐躯的烈士之语。南宋女词人李清照有句名诗"生当作人杰，死亦为鬼雄"，即化自于此。

身在江海上，云连京国深。

【注释】出自唐·王昌龄《别刘谞》。江湖上，指身处民间，不在朝为官。京国，京师、京都。

【译文/点评】以身处江海之上的云与京师之云连接之深为喻，巧妙地暗示了自己时刻忧思国事的爱国情怀，与后来宋人范仲淹"居庙堂之高，则忧其民；处江湖之远，则忧其君"之句同义，千百年来一直激励着无数的中国士大夫与读书人。

神交故国三千里，目断中原四百州。

【注释】出自宋·王迈《飞翼楼》。

【译文/点评】此写登楼北望中原故土沦陷于金人统治之下而不能恢复的痛苦之情。"三千里"与"四百州"都是夸张修辞法，前者强调距离中原之远，后者强调中原失陷领土之多。

十年磨一剑，霜刃未曾试。

【注释】出自唐·贾岛《剑客》。霜刃，像霜一样白的锋利剑刃。

【译文/点评】此二句名义上是写剑与剑客，实际是另有寄托。"十年磨一剑"，是侧笔写此剑之非同一般。"霜刃未曾试"的"霜刃"，则紧承前句，进一步强化了此剑的锋利无比。"未曾试"，也是侧笔而写，表现的是"剑客"跃跃欲试的一种情态。不过，这一切都是表面的。实际上，"十年磨一剑，霜刃未曾试"二句真正要表达的是这样一种意向：自己寒窗苦读十年，已经满腹经纶，胸中有足够的治国安邦的雄才大略，正想拿出来试试。这种急欲报国进取的意思，如果我们结合其后面的二句："今日把试君，谁有不平事"来理解，那就是再清楚不过了。诗贵含蓄，此二句写诗人报国心志，妙就妙在含蓄蕴藉，不露痕迹，让人有足够的回味空间。现在我们引用"十年磨一剑"，常是为了说明其人在某一方面用功至深、用力之专。

受国之垢，是谓社稷主；受国不祥，是谓天下王。

【注释】出自先秦《老子》第七十八章。受，承受。垢，屈辱。是，这。谓，叫做。社稷，国家。不祥，祸患、灾难。

【译文/点评】为了国家，能够承受得住各种屈辱或责难，这才可称为一国之主；为了国家，愿意承受一切的祸患灾难，这才是真正的天下之王。今日我们还在说的成语"忍辱负重"，说的正是这个意思。如果要举例，越王勾践便是最生动的典型。

双鬓多年作雪，寸心至死如丹。

【注释】出自宋·陆游《感事六言》。雪，比喻头发白如雪。寸心，指内心。丹，红色，此指赤诚之心。

【译文/点评】"双鬓多年作雪"，是个"暗喻"（以"作"为"喻词"），以鬓白如雪，暗示忧国之深；"寸心至死如丹"，是个"明喻"（以"如"为"喻词"），以心如丹砂之红，暗指忠君报国之志始终不渝。由此，一个忧国之心深深、报国之情殷殷的爱国者形象顿然呼之欲出。

死去元知万事空，但悲不见九州同。

【注释】出自宋·陆游《示儿》。元，同"原"。但，只。九州，指中国。

【译文/点评】此乃诗人临终前对儿子所表达的终身之憾：生前没能看见收复中原、实现国家统一的理想。强烈地表现了诗人至死不渝的爱国情怀。

天下兴亡，匹夫有责。

【注释】出自清·吴趼人《痛史》第十回。天下，即国家。匹夫，一个人，泛指普通人。

【译文/点评】此句虽化自明末清初学者顾炎武《日知录》卷十三《正始》的"保天下者，匹夫之贱，与有责焉耳矣"之句，但因以对偶句为之，文字上更通俗，遂比原句更为流行，真可谓是"青出于蓝而胜于蓝"，颇有点铁成金之妙。

投躯报明主，身死为国殇。

【注释】出自南朝宋·鲍照《代出自蓟北门行》。投躯，献出生命、舍命。殇（shāng），未成年而死。国殇，为国而死。

【译文/点评】此言舍生报国、报君的决心。

投死为国，以义灭身。

【注释】出自汉·曹操《让县自明本志令》。投死，效命、效死。以，因为。灭身，死亡。

【译文/点评】以死报国，杀身成仁，乃是中国古代志士仁人的最高气节，也是一切时代有志之士报国应有的最高境界。

万里赴戎机，关山度若飞。

【注释】出自南朝梁·横吹曲辞《木兰诗二首》之一。赴，奔赴。戎机，指战争、战场。关山，关隘、大山。若，像。

【译文/点评】此写木兰代父从军、保家卫国，不畏关山险隘，万里奔赴战场杀敌的勇武气概。"万里"是夸张，突出的是奔赴战场路途之远；"度若飞"是比喻，言行进速度之快。

王师北定中原日，家祭无忘告乃翁。

【注释】出自宋·陆游《示儿》。王师，王者之师，这里指宋朝的军队。无忘，不要忘记。乃翁，你的父亲，此为诗人自称。

【译文/点评】恢复中原，驱逐金人，实现国家的统一，是陆游矢志一生的追求。但是，到他八十五岁生命即将终结之时，他也没能实现这个目标。因此，在病榻弥留之际，他给儿子留下了这首《示儿》诗作为遗嘱，希望生前没能见到北定中原，死后子孙有朝一日在家祭时能够以"王师北定中原"的捷报告慰于他的灵前。大凡人之将死，交代子孙的都是家事，而非国事，而诗人以恢复中原的愿望嘱托于子孙，自古以来，何曾有之？其报国爱国情怀又是何等地感人，其不能亲见国家统一的惆怅又是何等之深！

王于兴师，修我戈矛，与子同仇。

【注释】出自先秦《诗经·秦风·无衣》。于，句中语气助词，无义。子，您。同仇，共同对敌。

【译文/点评】君王兴师去战伐，修我戈矛上战场，同仇敌忾把敌杀。这是秦国士卒对君主号令征伐的态度。其上下一心、团结对敌的集体主义与尚武精神，正是后来秦国依靠征伐一统天下的基础。

惟郢路之辽远兮，魂一夕而九逝。

【注释】出自先秦·屈原《楚辞·九章·抽思》。惟，句首语气词。郢，楚国之都。兮，语气助词，相当于"啊"、"呀"。逝，去，离去。

【译文/点评】郢都漫漫路迢迢，梦魂一夜九回还。这是屈原以夸张修辞法，借写对楚都郢的思念之情表达其深切的忧国忧君之情，让人不禁为其"君弃我，我不弃君"的爱国情怀而深切感动。

位卑未敢忘忧国。

【注释】出自宋·陆游《病起书怀》。位卑，地位低下。未敢，不敢。

【译文/点评】有没有爱国之心，那是不分贵贱、贫富的。如果一个人因为自己贫贱就不爱国，那么到了他富贵时，他也未必就能爱国。即使那时他真的爱国，恐怕爱的也是他的富贵和既得利益而已。"位卑未敢忘忧国"一句，之所以在中国千百年来深入人心，关键在于道出了真爱国的崇高境界。

为国者终不顾家。

【注释】出自宋·苏轼《陈公弼传》。终，终归、总是。

【译文/点评】在汉语中，"国家"一词是个偏义复词，它的含义只有"国"而没有"家"。在现实生活中，"国"是"国"，"家"是"家"，只要不是皇帝（在皇帝来说，国是他的家天下，自然国与家是合二为一的），国与家就是两个概念。既然国与家不是一个东西，那么在遇到利害冲突时就要有个选择，有个取舍。"为国者终不顾家"，这是苏轼的取舍与选择，也是天下所有爱国者应该作出的取舍与选择。唯有如此，国才会强，家才会旺。

未收天子河湟地，不拟回头望故乡。

【注释】出自唐·令狐楚《年少行四首》。河，即黄河。湟，即湟水。河湟地，湟水源出于青海，东流入甘肃与黄河汇合，湟水流域及与黄河合流的一带称为河湟地。这里代指西北失地。拟，准备、打算。

【译文/点评】故乡是每个人都深情眷念的，而为了收复国家的失地，一个少年竟立下了"未收天子河湟地，不拟回头望故乡"的雄心壮志，这是何等崇高的爱国之情啊！其与汉代名将霍去病"不灭匈奴，无以家为"之语何等相似！

我愿平东海，身沉心不改。大海无平期，我心无绝时。

【注释】出自清·顾炎武《精卫》。

【译文/点评】此以精卫鸟自比，表达了诗人为了尽忠明王朝，恢复汉民族政权而不懈努力的决心。

无风云出塞，不夜月临关。

【注释】出自唐·杜甫《秦州杂诗》其七。不夜，未入夜。

【译文/点评】此二句表面是写景：地上没起风，高空上却飞云出塞；夕阳西下，夜幕尚未完全闭合，一弯上弦月已经早早地照耀着边关。实则是写心，通过云与月的高度警惕性（"云出塞"是战士巡边的象征，"月临关"是战士瞭望敌情的象征），抒发诗人对边关防卫的忧患之情。清人浦起龙《读杜心解》评此二句说："一片忧边心事，随风飘去，随月照着矣。"

西北望长安，可怜无数山。

【注释】出自宋·辛弃疾《菩萨蛮·书江西造口壁》。长安，汉、唐古都，此代指宋朝故都汴京。可怜，本是可爱之意，这里有"可惜"之义。

【译文/点评】长安是汉朝与唐朝的古都，一提到它，就让人想到汉、唐时代中国的强大。作者这里不说"东北望汴京"，而说"西北望长安"，意在追忆汉、唐盛世，以与下句"可怜无数山"相对照。汉唐时代我们是那样强大，而今呢？不仅不能指望回归长安，就是北望故都汴京也是不可得了，因为中间有"无数山"。难道这山不能逾越？不是，山只能阻断望见汴京的眼光，而金人的军队与南宋统治者的苟安心理，才是真正阻断国人望见汴京的障碍。于是，作者悲国、忧国之情，皆都落在了这"可怜"二字之上。

先天下之忧而忧，后天下之乐而乐。

【注释】出自宋·范仲淹《岳阳楼记》。

【译文/点评】忧在天下人之先，乐在天下人之后。这是作者所表达的心系天下、献身人民的心志，体现了一个封建士大夫崇高的精神境界，也是作者人格的象征。因此，千百年来一直被有良知、有抱负的知识分子视为立身处世的座右铭，并激励着一代又一代有志之士为了国家与人民前赴后继地努力奋斗。

闲居非吾志，甘心赴国忧。

【注释】出自三国魏·曹植《杂诗六首》。

【译文/点评】在历史上，大家都知道曹植是才高八斗的文士。其实，他在政治上也是非常有抱负的。"闲居非吾志，甘心赴国忧"的诗句，就明确地昭示了他的志向不在"闲居"，优哉游哉地过贵公子的清闲生活，而是像汉人班超那样投笔从戎，报效国家，以建不世之功。虽是一时慷慨之言，却为千古文人写心，激起过无数读书人奋发进取、勇赴国难的万丈豪情。

贤者报国之功，乃在缓急有为之际。

【注释】出自宋·苏轼《答试馆职人启》。乃，只，仅仅。缓急，偏义复词，即"急"，危急。际，时、时候。

【译文/点评】报国有功，才能算是贤者。空口说报国，而终无所成，算不得贤者。中国有句古语："家贫思孝子，国难思良臣。"在国家危难之际，能挽大厦之将倾，救万民于水火，建不世之功，那才是大圣大贤，自是良臣贤者无疑。可见，爱国、报国也是要靠实践来检验的，也有个标准问题。上面苏轼所言，正是提出了这样一个标准，值得我们深思。

贤者不悲其身之死，而忧其国之衰。

【注释】出自宋·苏洵《管仲论》。

【译文/点评】"悲其身之死"，乃是人之常情；"忧其国之衰"，只有忠臣贤者所能。中国有句老话："蝼蚁尚且贪生。"其意是说，惜命怕死，乃人之本性。若一个人忧国连性命也不顾，则他必是真正的忠臣贤士无疑。

小来思报国，不是爱封侯。

【注释】出自唐·岑参《送人赴安西》。小来，自小以来。

【译文/点评】"学得百般艺，卖与帝王家"，那不是报国，而是求官，为的是自己的荣华富贵。唯有"小来思报国，不是爱封侯"，才是真正的爱国、报国。诗人这两句，既是勉励赴安西戍边的友人，也是对天下读书人提出的要求。

胸中有誓深于海，肯使神州竟陆沉？

【注释】出自宋·郑思肖《二砺》。肯，岂肯。神州，指中国。陆沉，陆地下沉或沉没，比喻国土沦丧。

【译文/点评】南宋王朝偏安江左，中原大好河山长期沦陷于金人的铁蹄之下。到了郑思肖所在的南宋末期，蒙古军队又不断往南进逼。在此山河沦陷、国家风雨飘摇之际，有志之士，热血男儿，何人不为国家担忧，何人不想奔赴沙场，杀敌卫国？"胸中有誓深于海，肯使神州竟陆沉"二句，正是写出了国家危难时期爱国之士忧国、报国的真切之情。

袖里珍奇光五色，他年要补天西北。

【注释】出自宋·辛弃疾《满江红》。

【译文/点评】此以女娲炼五彩石补天的典故表达了自己要立功西北的壮志（即驱逐金人，恢复大宋故国中原旧地）。

药来贼境灵何用，米出胡奴死不炊。

【注释】出自宋·陆游《感兴》。贼，指金人。胡奴，亦指金人。

【译文/点评】中国有句成语，叫做"爱屋及乌"。说的是爱一个人，会情不自禁地连带而及地爱与她（他）有关的一切事或物。其实，恨一个人，也会如此。"药来贼境灵何用，米出胡奴死不炊"两句，运用借代修辞法（以"药"与"米"代日常生活必需品），以不用"贼药"、不炊"胡米"的决心，清楚明白地宣示了诗人与金人不共戴天的仇恨，同时也清楚地表达了一个爱国者的志向，让人看到了一个真正爱国者的气节与骨气所在。

要挽银河仙浪，西北洗胡沙。

【注释】出自宋·辛弃疾《水调歌头》。胡沙，西北沙漠。此喻指金人。

【译文/点评】此以倾倒银河水洗尽西北沙漠为喻，表达了自己要杀尽金人，恢复大宋中原故土的决心。

夜阑卧听风吹雨，铁马冰河入梦来。

【注释】出自宋·陆游《十一月四日风雨大作二首》其二。夜阑，夜深。铁马，战马。冰河，指北方之河。

【译文/点评】"夜阑卧听风吹雨"，暗示夜深不寝，不然就不能听到"风吹雨"之声；既然夜阑不能安眠，说明有所思。那么，思什么呢？"铁马冰河入梦来"，以梦之内容解答了诗人所思何为。原来是想着北上抗金、纵马杀敌之事。年近古稀，卧病床上，梦中还想着上阵杀敌，这是何等崇高的爱国之情！

一寸山河一寸金。

【注释】出自元·脱脱等《金史·左企弓传》记左企弓谏金太祖完颜阿骨打之语。其文曰："太祖既定燕，从初约，以与宋人。企弓献诗，略曰：'君王莫听捐燕议，一寸山河一寸金。'太祖不听。"

【译文/点评】以金喻山河，且以"一寸"言之，极言山河国土之珍贵，不可随便让与他人。此乃千古不易之真理。因为万物可以再生，但国土失之便不可再得。清人黄遵宪改其句而为"寸寸山河寸寸金"，强调的也是此意。

一片丹心天地间，万世闻风犹御侮。

【注释】出自宋·李谌《谒丞相祠观八阵图》。丹心，赤心、忠心。风，气节。犹，还。御侮，抵御外侮。

【译文/点评】此乃借歌颂文天祥赤心报国之事，鼓励世人坚持民族气节、奋起抵御外侮。

一身报国有万死，双鬓向人无再青。

【注释】出自宋·陆游《夜泊水村》。向人，对人。无再，不再。青，黑。

【译文/点评】"一身"而愿"万死"，皆为"报国"。但是，结果呢？"双鬓向人无再青"，老了，没有机会了。这又是何等的悲哀呢？于此，一个报国无望的老者形象跃然纸上，让人永志不忘。

一闻边烽动，万里忽争先。

【注释】出自唐·孟浩然《送陈七赴西军》。边烽，边境的烽火，此指战争警报。忽，快速的样子。

【译文/点评】此写将士们一闻边境有战情立即争先恐后奔赴战场的情状。"一闻"对"万里"，既写出了奔赴战场路途之远、行军之苦，也表现出战士的英勇气概与报国心切之情。

一闻战鼓意气生，犹能为国平燕赵。

【注释】出自宋·陆游《老马行》。犹，还。平燕赵，此指为宋朝收复被金人占领的北方失地。

【译文/点评】此写诗人老来仍不忘为国报效的雄心壮志。

一心忧国不忧家，掠面黄尘带晚沙。

【注释】出自宋·赵万年《偶成》。掠面，拂面。

【译文/点评】忧国报国不是一句空话，诗人明确表达愿为保国卫边而甘受黄尘晚沙的边疆生活之苦，确可见出诗人一片赤诚的爱国之情与热切的报国之心。

一心中国梦，万古下泉诗。

【注释】出自宋·郑思肖《德祐二年岁旦》。中国梦，指希望南宋恢复中原故土、统一中国的理想。下泉诗，指《诗经·曹风》中的《下泉》篇，其诗反映的是曹国人民在大乱之后求安思治之情。

【译文/点评】此以《诗经》中的诗篇暗寓其爱国之心，使表意更见深沉蕴藉。

以国家之务为己任。

【注释】出自唐·韩愈《送许郓州序》。务，事情、事务、追求。

【译文/点评】国家，中国人自古以来都说"家国同构"，有国才有家。其实，现实中真能达到"视国为家"境界的人并不多。正因为如此，韩愈才如此提倡大家"以国家之务为己任"，对国家的兴亡负起主人翁的责任。

忧国孤臣泪，平胡壮士心。

【注释】出自宋·陆游《新春》。平胡，指驱逐金人。

【译文/点评】驱逐金人，恢复大宋故土，救中原父老于水火，是陆游终其一生的志向。然而，南宋统治集团中始终是乞和苟安者居多，所以诗人只能郁郁一生。"孤臣泪"，言主战恢复故土者寡。"孤臣"忧国，只能空自流泪；"壮士心"，言自己杀敌报国壮怀不已。"孤臣泪"对"壮士心"，突出了大志难伸的苦痛之情。"忧国"对"平胡"，则明确点出了南宋强国的重点应落在"平胡"上。这是诗人为南宋所筹之国策，于此亦见其爱国情感之深。

游丝不系春晖住，愁绝天涯寸草心。

【注释】出自宋·林景熙《送春》。游丝，春天飘飞于空中的虫类所吐之丝。晖，阳光。寸草心，指对南宋的怀念之情与忠贞之心。

【译文/点评】就像游丝系不住春晖一样，自己对故国的怀念之情总是难以控制。此写南宋被元灭亡之后，诗人浪迹天涯却念念不忘故国的拳拳之情。

欲将血泪寄山河，去洒东山一抔土。

【注释】出自宋·李清照《上枢密韩公工部尚书胡公》。东山，或写作"山东"，又或写作"青州"。东山，指蒙山，在山东曲阜东偏南。抔（póu），用手捧，当量词用，是"一捧"之意。

【译文/点评】此写诗人欲效命疆场、恢复中原故土的雄心壮志，强烈地表现了诗人巾帼不让须眉的女中豪杰形象，体现出诗人深切的爱国情怀。

欲为圣朝除弊事，肯将衰朽惜残年？

【注释】出自唐·韩愈《左迁至蓝关示侄孙湘》。圣朝，即唐朝。弊事，指唐宪宗迎佛骨之事。肯，岂肯。惜残年，顾惜年老的生命。

【译文/点评】唐宪宗佞佛，曾"令群僧迎佛骨于凤翔，御楼以观，舁入大内，又令诸寺递迎供养"。结果，老百姓群起效之，"焚顶烧指，百十为群；解衣散钱，自朝至暮。转相仿效，惟恐后时。老少奔波，弃其业次"（韩愈《论佛骨表》）。韩愈认为宪宗崇佛之举不妥，遂上表谏止，指出："若不即加禁遏，更历诸寺，必有断指脔身以为供养者。伤风败俗，传笑四方，非细事也。"这就是韩愈所说的"弊事"。万没想到，出于一片爱国忠君之心，韩愈"欲为圣朝除弊事"的举动，却激怒了唐宪宗，"一封朝奏九重天，夕贬潮州路八千"，韩愈第一天上表进谏，第二天就遭唐宪宗贬谪潮州之罚。但是，韩愈并不因此而后悔，而是写下了《左迁至蓝关示侄孙湘》以明心志：只要是利国利民之事，不惜拼却老命也要去做。上面二句，即是此意，表现了一代志士凛凛不可犯的诤诤风骨。

愿得此生长报国，何须生入玉门关。

【注释】出自唐·戴叔伦《塞上曲二首》。愿，希望。生，活着。玉门关，汉置，汉唐时皆是西北重要的战略要塞，在今甘肃省敦煌县西。

【译文/点评】唐人王之涣有《凉州词》一首说："黄河远上白云间，一片孤城万仞山。羌笛何须怨杨柳，春风不度玉门关。"说的就是玉门关生存环境的艰难。但是，诗人却为了实现"此生长报国"的愿望，甘愿在"春风不度"的玉门关坚守一辈子，并且不准备活着进入玉门关，这是何等感人的报国之志？读来不禁让人为之心灵颤动，千古以来传为佳句，那是以情感人的结果。

在家常早起，忧国愿年丰。

【注释】出自唐·杜甫《吾宗》。愿，希望。

【译文/点评】一个家庭，如果主人勤劳，黎明即起，辛勤劳作，自然就会一家温饱无忧；一个国家如果年成好，五谷丰登，人民丰衣足食，国家自然太平。"在家常早起，忧国愿年丰"两句，以"常早起"、"愿年丰"两个生活细节，写出了朴素的爱国之情。

丈夫誓许国，愤惋复何有？

【注释】出自唐·杜甫《前出塞九首》。丈夫，大丈夫，有志男儿。誓，立誓、发誓。许，答应、允许。许国，报国。惋，叹息。

【译文/点评】立志报国，其实还有一个真心与否的问题。若是真心"许国"，必无私心杂念，自然不会想到自己的名利爵位。如此，则愤惋之情必不生；否则，愤惋之心便会挥之不去矣。"丈夫誓许国，愤惋复何有"二句，以"设问"修辞法表而出之，更显报国之心情真意切、报国之志不容置疑。

纸上语可废坏，心中誓不可磨灭。

【注释】出自宋·郑思肖《心史总后叙》。心中誓，指抗元复宋的决心。

【译文/点评】此言抗元复宋的报国之誓长在心中，永志难忘。表达的是诗人强烈的爱国之情。

致君尧舜上，再使风俗淳。

【注释】出自唐·杜甫《奉则韦左丞丈二十二韵》。致，使达到。

【译文/点评】要使君王的政绩民望超过尧舜等上古明君，要使民风再回归淳厚朴实的境界。这是杜甫的理想，也是间接地批评当时国君不贤、民风不淳的现实。同时，也由此说明了一个治国安邦的道理：君贤主明，才能使民风归于淳厚朴实。

中夜四五叹，常为大国忧。

【注释】出自唐·李白《经乱离后，天恩流夜郎，忆旧游书怀赠江夏韦太守良宰》。中夜，即半夜。四五，极言其多。大国，指唐朝。

【译文/点评】唐朝因为"安史之乱"盛极而衰，山河破碎，生灵涂炭。在此过程中，李白因出于一片爱国报国之情，追随永王李璘起兵平定"安史之乱"，无意中卷入了永王夺位的政治风波之中。结果，触罪下狱，后又遭流放夜郎。这些虽是不白之冤，但李白并不抱怨，仍然心忧国事。"中夜五四叹，常为大国忧"，其对国家之爱是何等之深挚！因此，读来格外撼动人心。

忠臣体国，知无不为。

【注释】出自宋·苏轼《答李琮书》。体，设身处地为别人着想。体国，体恤国家。

【译文/点评】对于国家之事，知无不言，知无不为。至于说了、做了的结果，会不会对自己的前途有碍，那是绝不考虑，这才是体恤国家的忠臣。这是苏轼所说的忠臣标准，事实上他也是按这个标准做的。也正因为如此，他的一生才屡屡遭贬，苦难厄运接连不断。

壮心欲填海，苦胆为忧天。

【注释】出自宋·文天祥《赴阙》。苦胆，指报国的苦心。忧天，指忧虑国家的存亡。

【译文/点评】此乃诗人自写国难当头苦心忧国之情与尽忠报国之心。"填海"，用精卫填海的典故，表明自己虽像精卫鸟那样微不足道，但报国壮心不减，仍要像精卫鸟一石一枝填海一样为国家尽心尽力做事，以期挽大厦之将倾，救万民于水火。

自恨不如云际雁，南来犹得过中原。

【注释】出自宋·陆游《枕上偶成》。犹得，还可以。

【译文/点评】北雁南飞，这是秋冬之际最常见的物候景象。但是，诗人见到北雁南飞，却顿生"自恨"之感。这是何故呢？原来，诗人看到北雁秋冬来了，可以自由地由北往南迁移过冬，而自己这个大宋的臣民，却不能北去曾是大宋大好河山的中原。两相对比，人不如鸟，岂能不悲从中来？那么，何以人不如鸟？ "自恨"真的只是"自恨"，而没"他恨"——恨南宋统治者苟且偷安？读来不禁让人回味，让人伤悲。

醉里挑灯看剑，梦回吹角连营。

【注释】出自宋·辛弃疾《破阵子·为陈同甫赋壮词以寄之》。吹角连营，指战斗的号角声一个营垒接着一个营垒地吹响。

【译文/点评】"醉里挑灯看剑","挑灯"点明时间，是夜里；"看剑"交代了"挑灯"的原因。难道这剑是宝剑，值得夜起把看、拂拭？"梦回吹角连营"紧承而下，终于揭了谜底。原来是因为他梦里听到了战斗的号角已吹响，他想持剑上阵杀敌。但是，能实现吗？再回头看前句的"醉里"，便知这是不可实现的梦想，所以他要借酒消愁，先把自己喝醉了，然后再看剑。于是，一个时刻想着上阵杀敌报国却不能如愿的爱国将士形象便跃然纸上。